순교한 선교사들의

마지막 편지

Last Letters of Martyred Missionaries of The China Inland Mission

by Marshall Broomhall

1901; London ; Morgan & Scott.

Last Words and Letters from the Missionary Martyrs
of the 1900 Boxer Incident

copyright © by Wong, Sik P.

1st printing: July 2009; CCMUSA and OMF

ᛒᚩ ᚲᛟ

In loving memory of those members of the CIM

who suffered martyrdom during the sad crisis of 1900

and in Grateful Recognition of God's great goodness

to those who were mercifully delivered

1900년 그 슬펐던 난국에 순교한 사랑하는 CIM 가족을 기억하며

그리고 자비롭게 구원받은 분들에게 베푸신

하나님의 크신 선하심에 감사하면서

ᛒᚩ ᚲᛟ

순교한 선교사들의 마지막 편지

1판 1쇄 2014년 2월 10일

엮은이 ┃ 마셜 브룸홀(Marshall Broomhall)/ 웡시페이(黃錫培)
옮긴이 ┃ 허영자 • 조봉기
발행인 ┃ 최태희

편집 • 디자인 ┃ 권승린
교정 • 교열 ┃ 강민규
인쇄 • 제작 ┃ (주) 재원프린팅

발행처 ┃ 로뎀북스
등록 ┃ 2012년 6월 13일 (제331-2012-000007호)
주소 ┃ 부산광역시 남구 황령대로 319번가길 190-6, 101-2102
전화 • 팩스 ┃ 051-467-8983
이메일 ┃ rodembooks@naver.com

ISBN ┃ 978-89-98012-07-6

「이 도서의 국립중앙도서관 출판시도서목록(CIP)은 서지정보유통지원시스템 홈페이지
(http://seoji.nl.go.kr)와 국가자료공동목록시스템(http://www.nl.go.kr/kolisnet)에서 이용
하실 수 있습니다.(CIP제어번호: CIP2014002279)」

순교한 선교사들의

마지막 편지

LAST LETTERS
of Martyred Missionaries

omf
RODEMBOOKS

Contents

한 세기 전의 순교자들을 기억하며; '의화단의 난' CIM 순교자들의 마지막 편지

순교자의 편지 I

∞∞

의화단의 난 CIM 순교자

사랑으로 추모함

⤷ 그리스도를 위해 순교한 CIM 선교사와 자녀들 ⤶

"사망을 영원히 멸하실 것이라

주 여호와께서 모든 얼굴에서 눈물을 씻기시며…"

이사야 25:8

중국내지선교회(CIM) 동료들 바침 1901년

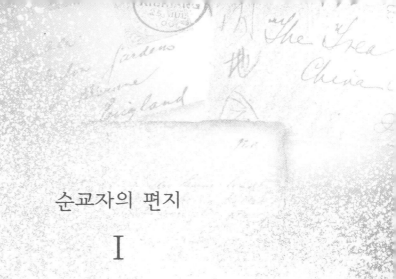

순교자의 편지

I

"의인들의 최후가 행복스럽다고 큰소리치고 하나님이 자기 아버지라고 자랑한다. 그가 한 말이 정말인지 두고 보자. 그의 인생의 말로가 어떻게 될 것인지 기다려보자. 의인이 과연 하나님의 아들이라면 하나님이 그를 도와서 원수의 손아귀에서 구해 주실 것이다. 그러니 그를 폭력과 고문으로 시험해 보자. 그러면 그의 온유한 마음을 알 수 있을 것이며 인내력을 시험해 볼 수 있을 것이다. 입만 열면 주님이 자기를 도와주신다고 말해 왔으니 그에게 아주 수치스러운 죽음을 한번 안겨보자."

악인들은 이렇게 뇌까리지만 그들의 생각은 그릇되었다. 악한 마음 때문에 눈이 먼 것이다. 그들은 하나님의 오묘한 뜻을 모른다. 의인의 영혼이 하나님의 손 안에 있고 고통이 그들을 만지지 못하리라는 것을. 미련한 자들의 눈에는 그들이 죽은 것처럼 보이고 그 죽음으로 그들이 상처를 받았다고 여길 것이다. 우리 곁을 떠나 파멸 되었다고 생각하겠지만, 아니다. 그들은 평화를 누리고 있다. 사람들 눈에 의인들이 벌을 받은 것처럼 보일지라도 그들은 불멸의 희망으로 가득 차 있다. 그들이 받는 고통은 후에 받을 큰 축복에 비하면 아무것도 아니다. 하나님께서 그들을 시험하시고 그들이 당신 뜻에 맞는 사람들임을 인정하신 것이다. 도가니 속에서 금을 시험하듯이 하나님께서 그들을 시험하시고 그들을 온전한 번제물로 받으셨다.

지혜서 중에서

They *said among themselves··· "The latter and the righteous he calleth happy; and he vaunteth that God is his father. Let us see if his words be true, and let us try what shall befall in the ending of his life. For if the righteous man is God's son, He will uphold him, and He will deliver him out of the hand of his adversaries. With outrage and torture let us put him to the test, that we may learn his gentleness and may prove his patience under wrong. Let us condemn him to a shameful death; for his shall be visited according to his words."*

Thus reasoned they, and they were led astray; for their wickedness blind them, And they knew not the mysteries of God··· The souls of the righteous are in the hand of God, and no torment shall touch them. In the eyes of the foolish they seemed to have died; and their departure was accounted to be their hurt. And their journeying away from us to be their ruin; But they are in peace. For even if in the sight of men they be punished, their hope is full of immotality; And having borne a little chastening, they shall receive great good; because God made trial of them worthy of Himself. As gold in the furnace He proved them, and as a whole burnt offering He accepted.

THE WISDOM OF SOLOMON.

우 리 신앙의 사도이자 대제사장께서는 이렇게 예언하셨다. "하나님은 당신의 생명을 요구하였고, 당신은 그것을 영원히 그분께 드렸다."

시대를 막론하고 그분을 따르던 수많은 사람들이 잔혹한 박해에서 구해 달라고 기도했을 때, 하나님은 그들을 죽음에서 구해주시는 대신에 죽음으로 구해주셨다. 중국에서도 그렇게 내국인과 외국인이 순교를 했다.

순교자 본인들과 그들을 위한 우리 기도에 하나님께서는 우리의 기대와는 다른 하나님식의 응답을 하셨다. "하나님의 길은 완전하시다." 우리는 이런 믿음 안에 거해야 한다. 잠시 후면 우리는 그들의 고난의 열매를 볼 것이고 고난의 이유를 더 온전히 알게 될 것이다. 그들이 죽음을 불사하고 따랐던 주님과 함께 빛나는 모습으로 있는 것을 우리는 보게 될 것이다.

"죽어서 주 앞에 가는 대신에 죽음을 피할 수 있다면 어느 편을 택하겠는가?" 이런 질문을 받고 성도들은 "주님께서 친히 죽음을 겪으셨으니 나도 주님과 함께 죽고 부활하는 길을 따르겠소."라고 대답했다. 또 다른 사람들은 비슷한 질문을 받고 "만일 주께서 나에게 선택하라고 하시면 나는 다시 그분께 주권을 드리겠소. 나를 위해서 행하시는 대로 나는 따르겠다고 말씀드릴 것이오."라고 했다.

우리가 그들을 잃어서 슬프듯이 더 이상 그들의 도움을 받을 수 없는 중국의 남은 성도들도 가엾게 되었다. 그러나 우리 주인께서 당신의 충성스러운 일군들을 환영하며 약속하신 생명의 면류관을 씌워주셨으니 우리도 그런 주님의 기쁨에 동참할 수 있지 않겠는가? 지상의 사역을 하늘의 승리로 바꾸는 영광스러운 자리에서 슬퍼하겠는가? 오히려 그들에게 주셨던 그 은혜의 특권으로 흐트러진 전열(戰列)을 가다듬고 전진하여 바로 같은 주인께 이렇게 대답하도록 기도하지 않겠는가?

"내가 누구를 보내며 누가 우리를 위해 갈고?"

"내가 여기 있나이다. 나를 보내소서!"

"주여, 내 주님보다 더 귀한 것은 아무 것도 없습니다."라고 고백하며 우리의 옥합을 주님 발아래 쏟아 부어드릴 수 있는 은혜를 주소서!

1901년 10월, 제네바에서

J. 허드슨 테일러

의화단 사건이 있은 지 1년이 지났다. 그 동안 특별히 관련이 있었던 선교 기관에서는 대부분 순교의 장소들을 방문하여 필요한 사실들을 조사하고 추도 예배를 드렸으며 가능한 곳에서는 제대로 매장을 하기도 했다. 그리고 중국 교회의 상황을 고려하여 사정이 허락되는 한 현지 성도들에게 영육 간에 필요한 조치를 취했다.

연합군 손에 들어온 서류상 증거들과 베이징에서 나온 상세한 정보에 의하면, 작년의 의화단 사건은 전적으로 중국 정부의 책임이었다. 이러한 정보 덕분에 그 무서웠던 위기의 전모가 밝히 드러났다. 이전의 기록이 대부분 사실이었고, 저장성의 대량학살도 중앙 정부에서 모든 외국인을 죽이라는 명령을 내렸기 때문에 일어난 일임이 확실해졌다. 당시 저장성을 다스리던 리우콴은 그 명령을 철회하려고 애썼으나 이미 사태는 자신의 통제를 벗어나 있었다.

반란이 진정된 이후 주님의 교회에 아주 소중한 유산이 남았는데, 그것은 죽음에 직면했던 사람들이 마지막으로 쓴 편지들이었다. 임박한 위험을 피해서 산 속 동굴이나 움막에 숨어 있으면서 본국에 있는 사랑하는 사람들에게 마지막으로 전하고 싶었던 메시지를 써 놓은 것이었다.

하나님의 은혜가 현실로 드러난 간증의 기록이자 하나님께 대한 단호한 충성심을 고취하는 그 글들은 주님의 전체 교회에 참으로 소중한 유산이다.

초대 교회의 순교자들이나 존경하는 성자들이 죽기 직전에 남긴 말들이 수 세기를 전해 내려와 다음 세대에 영감과 축복이 되었던 것처럼, 작년 중국에서 순교한 성도들이 마지막으로 남긴 말들은 모두의 가슴과 정신 속에 살아남아야 할 메시지인 것이다.

어떤 사람은 이렇게 기록했다. "우리는 그리스도의 고난에 참여하는 자들이 되었기에 기뻐합니다. 그분이 영광중에 나타나실 때 우리는 말할 수 없는 즐거움으로 기뻐할 것입니다." 또 다른 사람은 "'그 사람은 왜 그곳에 갔을까? 생명을 낭비하고 말았구나.' 하겠지만, 그러나 사랑하는 이여, 결코 그렇지 않습니다. 하나님을 믿으세요. 그분은 가장 좋은 일을 행하시는 분이시며 절대로 실수하지 않으신답니다."라고 했다.

이런 메시지가 더 멀리 더 널리 퍼져야 한다고 확신하기에 이 책을 출간하게 되었다. 비록 죽었지만, 그들로 말하게 하길 원한다. 그들이 마지막으로 한 이 증거의 말들을 하나님께서 사용하시길 빈다. 주의 영광과 그들이 목숨을 바쳐 섬기려고 했던 그 땅을 위해 우리가 더욱 온전한 믿음으로 선한 일을 하도록 힘 주시기를 빈다.

더 많은 편지를 소개할 수 있으면 좋았을 텐데, 타이위앤의 선교사들이 쓴 편지들은 현지인이 받아서 은행에 맡긴 것을 은행이 선교사들의 돈을 관리들에게 넘겨줄 때 함께 넘겨서 불태운 것으로 보인다.

닥터 J. W. 휴잇은 산 속에 한 달 간 숨어 있다가 붙잡혀 중국 감옥에도 2달 간 갇혀 있었지만 안전하게 석방될 수 있었고 매키와 채프만(현재는 매키 부인), 그리고 웨이 선교사도 4달 간 위험한 산 속에서 피해 다니다가 자비하게도 구원을 받았다. 오그렌 부부는 고통스러운 시간을 보내다가 한 사람은 죽고 한 사람은 살아남는 비참한 일을 당했다. 가슴 아픈 이야기를 강조하려는 것이 아니라 가장 힘든 상황 가운데서 하나님의 은혜를 놀랍게 간증하기 때문에 이렇게 알리는 것이 마땅하다고 생각한다.

중국의 선교적 상황을 보면서 몇 마디를 더 첨가해야겠다. 감사할 제목도 있다. 평화 협정이 체결되어 선교사들이 어디든지 가게 되었다. 현지로 돌아간 선교사들이 보내온 편지를 보면 사람들이나 관리들에게서 우호적인 환영을 받고 있는 것 같다. 이러한 사실에는 감사하지만, 또 간절한 기도가 필요한 부분이 있다.

연합군이 중국 정부에 무거운 배상금을 부과했다. 중국 북부는 이미 기근과 전쟁으로 심하게 타격을 입은 상태여서 이러한 배상금을 지불할 힘이 없다. 외국인의 이해에 충실하였던 남부 사람들은 정의라는 이름으로 다른 사람이 지은 죄에 대해서 짐을 지려고 하지 않고 있다. 불행하게도 죄를 지은 정부는 그 짐을 혼자 질 수가 없다. 그래서 연합군이 요구하는 배상금을 지불하기 위해서 특별히 세금을 부과하면 한 세대가 다 가도록 그 짐을 벗지 못할 것이며 그런 곳에서는 평화와 선의가 나오지 못할 것이다.

마찰의 원인이 위에 언급한 것만 존재하는 것은 아니다. 현지에 정착하는데 로마 가톨릭 교회가 보였던 오만한 태도 역시 크게 우려된다. 북중국 헤럴드는 다음과 같은 기사를 실었다.

현지 관리들은 개신교 기독교인들이 별 조건 없이 쉽게 정착한 것에 대해서 대단히 감사하고 있었다. 천주교인들이 수적으로 훨씬 많이 희생되어 그런지 그들이 요구한 정착 조건은 매우 까다로웠다. 그들은 파괴된 성당 대신 관청 (그 대문 밖에서 학살이 있었다.)이나 대학과 같은 공공건물을 달라고 요구하였다.

지방 행정 책임자가 공공 소유는 줄 수 없다고 하자 그들은 몇 날 몇 시에 대학에 들어가겠고 만일 반대가 있거나 문제가 발생하면 그것은 전부 관리의 책임(평화 협정에 따르면 외국인과 무슨 문제가 생기면 현지 관리가 책임져야 한다고 되어 있다.)이라고 최후통첩을 하였다. 그러한 일이 생기지 않도록, 그리고 일을 복잡하게 만들고 싶지 않던 당국은 그 안에 살던 직원과 학생들에게 신부들이 오기 전에 떠나라고 종용하였다. 신부들은 개종자들을 데리고 대학을 접수하여 그 안에 거주하였다.

그러한 행동이 주민의 반발을 사서 장래에 어려움의 원인이 된다고 해도 이상한 일이 아닐 것이다. 중국에서 선교를 하려고 한다면 오만한 제국주의적인 태도는 지양해야 할 것이다. 타임지의 베이징 특파원은 배상금에 대해서 이렇게 말했다.

> 중국인들은 런던과 다른 개신교 선교회가 배상금에 대하여 가졌던 합리적이고 영예스러운 태도에 아주 만족하였다. 천주교 선교사들의 엄청난 요구와는 크게 대조되는 절제된 행동이라고 생각했으며 프랑스가 보여준 종교를 빙자한 내정 간섭과도 대조가 되는 것으로 생각했다. 프랑스 사절단은 천주교의 요구가 아무리 불합리하여도 맹목적으로 지지하였기 때문에 중국인으로서는 참기 어려운 일이 많았다.

CIM의 총재였던 D. E. 호스트는 최근 산시를 방문하여 관리들에게 선교회가 입은 손실을 전하면서도 어떤 보상도 받지 않겠다고 했다. CIM은 허난성에서도 그 피해가 상당했지만 같은 정책을 취했다. 선교회는 최근 타이위앤에 새로이 선교기지를 세우면서 기지의 바깥 성벽에 돌을 하나 넣기로 했다. 돌에는 책임 관리자의 서명과 함께 중국어로 다음과 같은 메시지를 새겨 넣었다.

> 선교회는 정당하게 주장할 수 있는 완전한 보상을 요구하지 않는다. 그것은 선교사들이 인민의 복지를 위해서 자신의 권리를 포기함으로써 예수 그리스도의 교훈을 따르고 있음을 모든 사람에게 알리기 위해서이다.

선교회가 배상금을 포기하자, 주지사는 현지 성도들을 위한 구제와 보상 명목으로 이전에 약속했던 4만 냥(6000파운드)에 더하여 1만 냥을 더 내놓았다. 선교기지가 많이 비게 되어 그곳을 채우려면 선교사들이 더 많이 들어와야 했다.

CIM과 협력하고 있던 스웨덴 선교회의 경우, 안식년으로 본국으로 돌아간 한 사람을 제외하고는 전부가 순교를 당했다. 살아남은 A. 칼슨은 이미 훈련받고 있는 3명의 선교사와 함께 1902년 1월에 들어와서 빈 선교관을 채울 예정이다. 셔오양 선교회도 본국에서 사역하던 에드워드 부부를 제외하고는 모두 살해당했다. 산시의 침례 선교회도 마찬가지였는데 현지에서 은퇴했던 침례교 선교사 중에 두 명은 이번 사건으로 현지에 선교사가 필요하게 된 것을 자기들을 부르시는 하나님의 특별한 부르심으로 알고 이미 다시 돌아와 있다. CIM의 선교기지 중에서 비게 된 곳은 다른 지역 사역자를 이동하여 채웠지만 아직 더 많은 일군이 필요하다.

순교한 선교사 중 T. W. 피곳이 1896년 5월에 쓴 편지를 보면 영원 속에서 우리가 감당해야 할 의무에 관해 신중하게 생각하게 된다.

제가 처음 중국에 왔던 1879년을 회상해보면 현재 하나님께서 이 산시 성에서 공을 들여 사역한 일에 대해서 100배 이상으로 은혜를 주신 것에 감사와 기쁨으로 가득합니다. 처음에는 세례 받은 그리스도인이 한 사람도 없었고 선교 기지도 두 곳 밖에 없었습니다. 그런데 지금은 수백 명이 개종하였고 그 중에서도 열심 있고 신실한 사람들이 많으며 선교 기지마다 수천 명이 몰려와 그리스도인의 영향을 받고 있습니다. 가깝게는 지금부터 100년 뒤 우리가 이곳에 투자한 시간과 수고의 결과가 어떠할까요? 이렇게 그리스도를 섬길 기회를 주신 것에 대해 저는 날마다 진심으로 감사하고 있습니다. 이것이 삶을 진실하고 바르게 사는 방법이라고 저는 믿습니다. 현재 열심히 하고 있는 사역이 지금부터 몇 년 앞을 바꾸어 놓을 것입니다. 이전에 아르메니아에 복음을 전할 때 감히 장래까지는 그리 많이 생각하지 않았지요. 그런데 너무도 갑자기 문이 닫혀서 그렇게도 소원했던 사역을 할 수가 없었습니다.

위의 편지를 쓴 선교사가 기회가 있을 때 열심히 사역했던 것을 후회하겠는가? 자기의 수고와 삶을 투자했던 일에 대해서 후회하겠는가? 결코 그러지 않을 것이다. 이제 다시 한 번 문이 열렸다. 그 문이 얼마나 오래 열려 있을지는 아무도 모른다. 이 사역을 위해서 힘써야 하지 않겠는가? 우리 모두 각자에게 질문을 해보자. "지금부터 100년 후를 위해서 우리의 생명과 수고를 어디에 투자하면 좋겠는가?"

1901년 12월, 중국내지선교회(CIM)

마셜 브룸홀

1

순교자의 마지막 편지

던칸 케이 부인

·

G. 피트

·

E. G. 헌

·

이디스 네이슨

·

메이 네이슨

·

창치펜

제가 말을 할 뿐 아니라 기꺼이 행동하도록, 단지 그리스도인이라는 이름만이 아니라 실제로 그리스도인인 것을 사람들이 볼 수 있도록 제게 안팎으로 힘을 주십사고 오직 기도해 주시길 부탁드립니다.　　　이그나티우스

Only pray for strength to be given to me from within and from without, that I may not only speak, but also may be willing, and that I may not merely be called a Christian, but also may be found to be one.　　　IGNATIUS

86년 동안 그분을 섬겼는데 그분은 한 번도 내게 잘못하신 일이 없소. 그런데 어떻게 내가 나의 왕, 나의 구세주이신 그분을 모독한단 말이요?　　　폴리캅

Eighty and six years have I served Him and He never did me any wrong; how then can I blaspheme my King, my Saviour?　　　POLYCARP

나의 주 예수 그리스도께서는 나를 위하여 이보다 더 고통스러운 쇠사슬에 묶이셨소. 그러니 내가 이 녹슨 사슬을 부끄러워하면 되겠소?　　　존 후스

My Lord Jesus Christ was bound with a harder chain than this for my sake; why then should I be ashamed of this rusty one?　　　JOHN HUSS

리들리 주교님, 안심하시고 당당하십시오. 우리는 오늘 하나님의 은혜로 영국에 결코 아무도 끌 수 없는 불을 밝힐 것입니다.　　　래티머

Be of good comfort, Master Ridley, and play the man. We shall this day light such a candle, by God's grace, in England, as I trust shall never be put out.　　　LATIMER

고통은 곧 지나갈 것입니다. 그 후에 위에서 해 주시는 환영이 얼마나 달콤하겠는지요! 주님께서 얼마나 반갑게 환영해 주실지 저는 상상할 수가 없습니다. 오, 그것은 이렇게 긴장하던 날들을 모두 보상해 주실 것입니다.

릿지 앳워터

The pain will soon be over, and oh the sweetness of the welcome above! I cannot imagine the Saviour's welcome. Oh, that will compensate for all these days of suspense!
LIZZIE ATWATER

우리를 그리스도의 고난에 동참하게 해 주셔서 감사드립니다. 그분이 영광 중에 나타나실 때 우리도 말할 수 없는 즐거움으로 즐거워할 것입니다.

W. G. 피트

We rejoice that we are made partakers of the sufferings of Christ, that when His glory shall be revealed, we may rejoice also with exceeding joy.

W.G. PEAT

사람들은 '왜 그곳에 갔을까? 그저 생명을 낭비하지 않았는가?.' 할 것입니다. 사랑하는 이여, 아닙니다. 하나님을 믿으세요. 그분은 가장 좋은 일을 행하시는 분이시며 절대로 실수 같은 것은 하지 않으십니다.
메이 네이슨

Many will say, 'Why did she go? - wasted life.' Darling, No. Trust - God does His very best and never makes mistakes.
MAY NATHAN

산시(Shan-si)에서 순교 당한 선교사들은 고국의 사랑하는 사람들에게 전하고 싶은 마지막 편지들을 땅에 파묻거나 신뢰할만한 현지인들에게 맡겼다. 그 중에는 현지 성도들이 직접 해안으로 가져온 편지도 있었고, 최근에 순교지를 방문한 선교사 일행에게 전달된 것들도 있었다.

죽어가는 사람의 마지막 유언이나 메시지는 그 친구들에게 매우 소중하다. 그런데 여기 실린 편지들은 개인적으로 아는 사람뿐만 아니라 모든 교회에 다른 그 무엇과도 바꿀 수 없는 귀중한 가치를 지닌 것이다.

사람들은 이 편지들을 보고 최근 중국에서 일어난 끔찍한 현실을 알게 되었다. 그 안에는 현지 기독교인들의 신실함에 대한 감동적인 간증도 있고, 우리가 상상하는 것보다 훨씬 더 고통스러운 환경 속에서도 하나님의 은혜가 능력 있게 드러났던 증거가 들어있다. 물질적인 시대 한 가운데에서 영원한 진리가 가진 능력을 비교할 수 없는 탁월한 방식으로 증거하고 있는 것이다.

그리고 진정한 그리스도인이라면 이 편지들을 읽으면서 이 타락한 세상에 그런 고상하고 헌신된 삶을 선물로 주신 하나님을 찬양할 수밖에 없을 것이다.

7월 4일 5명의 선교사와 아이 한 명이 산 속에 숨기 위해 몰래 귀우(Kuh-wu)시를 빠져 나갔다. 이 사람들은 사람들 눈에 띠지 않도록 두 그룹으로 나누어 이동했는데, 매키, 채프먼, 그리고 웨이가 첫 그룹이었고, 던칸 케이 부부와 아기가 두 번째 그룹이었다. 후에 첫 그룹은 오랫동안 고통스럽게 피해 다니다가 신비스러운 하나님의 섭리에 의해 구원을 받았다. 그러나 두 번째 그룹은 힘들기는 했어도 무사히 산 속에 숨어 지내다가 두 달 반만인 9월 15일에 잔혹하게 죽임을 당했다.

던칸 케이(Mrs. Duncan Kay) 부인의 마지막 편지들

✍ 윌리엄 쿠퍼 씨에게

우리는 다시 도시로 돌아가려고 합니다. 중국 관리들이 도와주어야 그렇게 할 수 있는데 그들이 우리에게 어떻게 대할지 몰라서 두렵습니다.

뇌물을 주지 않으면 아무도 우리를 데리고 가려고 하지 않을 텐데, 이곳 사람들은 너무 가난하기 때문에 먹을 것을 제공하고 또 여정이 끝난 후에 돈을 준다고 하면 그 일을 좋아할 것입니다.

우리 친구들이 동일한 곤경에 처해 있다는 사실이 두렵습니다. 어떤 친구들은 이미 그들의 영광에 들어갔습니다. 이런 끔찍한 사건들에 대해 하나님께서 여러분의 마음을 위로해 주시기를 바랍니다. 그리고 이렇게 남겨지는 저의 아이들도 위로해 주시기를 바랍니다.

만약 이 편지를 받게 되시면 전해드리는 소년에게 보상해 주세요. 두 달 동안이나 전혀 급여를 주지 못했는데도 우리에게 마지막까지 신실했습니다. 그래도 그는 진실한 하나님의 자녀답게 아무 말도 하지 않았습니다.

하나님께서 여러분 모두를 축복해 주시기를 바랍니다. 우리가 이 땅에서 다시 만날 수 없다 하더라도 얼마 안 있어 다시 만나게 될 것입니다.

여러분 모두에게 사랑을 전합니다.

7월 말 경, 타호산에서 케이로부터

   🙰 사랑하는 아이들아,

    우리는 의화단을 피해 여기까지 올라와 있다. 이 곤경의 시간을 잘 견디어 내고 두 달 안에 돌아갈 수 있기를 바라고 있어.

    그런데 남자들이 거의 매일 돈을 요구해서 괴롭단다.

    이제 돈도 거의 다 떨어졌고 물건도 거의 남아 있지 않다.

    도시로 돌아가려고 애를 쓰고는 있지만 쉬운 일이 아니구나.

    도중에 우리의 생명을 빼앗으려는 사람들이 많기 때문이야.

    이 편지가 마지막 편지가 될 수도 있겠구나.

    우리가 곧 예수님과 함께 있게 될 수도 있으니까.

    너희에게 이 편지를 쓰는 것은 엄마 아빠가 너희를 진심으로 사랑했고, 만약 우리가 죽었다는 것을 알게 되더라도 너무 슬퍼하지 말라고 당부하기 위해서야.

    우리는 너희를 하나님의 손에 의탁했다.

    하나님께서 너희의 길을 인도하실 거야.

    하나님의 선한 자녀들이 되기를 힘쓰기 바란다.

    하나님을 사랑하고 또 너희의 마음을 예수님께 드리기 바란다.

    이것이 너희를 사랑하는 부모의 마지막 당부란다.

                  사랑하는 아빠, 엄마, 그리고 어린 제니로부터. 케이

던칸 케이 부부와 어린 딸 제니, 1900년 9월 15일, 산시 취워에서 순교

산시 서쪽에 시체오(Sih-cheo)라는 도시가 있다. 시체오에는 피트(Mr. and Mrs. Peat) 부부와 두 자녀, 그리고 헌(Miss G. Hurn)과 이디스 돕슨(Miss Edith Dobson)이 사역하고 있었다.

이 친구들은 7월 21일에 그 지역에서 도망하여 산 속에 있는 동굴에 숨어야 했는데, 굶주림에 못 이겨 밖으로 나왔다가 의화단에게 발각되어 관리 앞으로 끌려가게 되었다. 그들은 마치 인간쓰레기처럼 취급을 당하고 아무런 보호도 받지 못한 채 이 도시에서 저 도시로 이송되었다.

관리들이 호의를 베풀어 한코우(Han-kow)로 보내주려고 애썼던 경우도 있었지만, 대부분 이리저리 끌려 다니고 투옥되는 등 시달리다가 8월 30일, 귀우(Kuh-wu)라는 도시 30여km 남쪽에서 의화단의 공격을 받았을 때, 경호원들은 도망치고 선교사들은 모두 죽임을 당했다.

피트(Mr. G. Peat)의 마지막 편지

타닝 시엔의 북쪽에 있는 친치에 언덕에서 1900년, 7월 25일.

⃞ 사랑하는 어머니,

   어떤 일이 일어날지 모르는 불안한 긴장감 속에서 우리는 마지막으로 (나흘 전에) 이 산으로 도망 와 여기 '땅 속 동굴'에 숨어 있어요. 우리는 제때에 탈출할 수 있었습니다. 바로 다음 날 의화단 300명이 시체오(Sih-cheo)에 들어왔으니까요. 그들은 우리가 자기들의 마수를 벗어났다는 사실에 화를 내며 소중한 우리의 집을 불태워 버렸습니다. 오늘 그들은 타닝(Ta-ning)으로 갔는데 아마 이 편지를 다 끝내기 전에 그곳에도 불을 지를 것입니다. 그곳에 있던 여선교사 3명은 얼마 전에 마을을 탈출했는데, 아마 그들도 산으로 도망갔을 것입니다. 그러나 의화단이 우리를 찾아 죽이기 위해 언덕마다 뒤질 것이어서 산이라 해도 우리가 있는 이 장소도 위험하기는 마찬가지입니다.

   조금 전에 영 부부, 맥코넬 부부와 아이, 버튼과 킹, 그리고 중국인 하인이 살해 되었다는 소식을 들었습니다. 얼마 전에는 샤오이(Hsiao-i)에서 횟처치와 씨어럴이 살해당했고 또 얼마 안 있어 핑양부(Ping-yang-fu)로 도망갔던 14명의 형제, 자매들도 모두 죽임을 당했다는 소식을 들었습니다. 이제 우리와 타닝(Ta-ning)에 있는 여선교사 3명만이 이 성에 생존해 있는 마지막 외국인이라고 합니다.

제 속에 이런 의문이 들었습니다. 우리는 이 성에서 하나님의 영광을 위해 남은 자로서 구원을 받을 것인가 아니면 먼저 떠난 형제자매들의 대열에 가담하게 될 것인가? 어떤 길을 택할지는 쉽지 않은 결정입니다.

우리 자신에게는 그리스도와 함께 있는 것이 훨씬 더 좋은 일입니다. 그러나 중국에 있는 사역자들이나 연약한 현지 교회를 생각하면 우리가 사랑하는 사람들 가운데서 더 오래 섬길 수 있도록 죽음에서 보호를 받기를 원합니다. 그러나 그러한 결정을 내릴 권한이 우리에게 있지 않고 모든 일을 선하게 이루시는 하늘 아버지의 뜻에 달렸다는 사실이 선하게 여겨집니다. 우리는 하나님께서 우리를 원수의 손에서 구원해 주실 것을 바라고 있습니다.

우리의 현재 은신처(동쪽의 동굴)는 너무 노출되어 있어서 안전하지 않습니다. 그래서 우리는 오늘 더 멀리 빽빽한 삼림이 우거진 언덕으로 옮겨 가려고 합니다. 아이들 얼굴이 모기에게 너무 많이 물려서 마치 천연두에 걸린 것처럼 보여 마음이 아픕니다. 우리는 자매 2명, 중국인 하인 2명과 함께 한 동굴에서 사흘 동안 살았습니다. 밤에는 20여km 떨어진 마을로 사람을 보냈는데, 그곳에 우리에게 음식과 기타 필요한 것들을 보내 주는 기독교인 가정이 있습니다. 우리의 거처가 발각되어서는 안 됩니다. 산시의 총독이 모든 외국인들을 죽이라고 명령했기 때문에 발각되면 모두 죽습니다. 우리를 맡고 있는 관리는 자기 몰래 우리가 도주했다는 사실에 매우 화가 나 있습니다. 전쟁이 끝난다면 숨지 않고 밖으로 나가겠지만, 아직은 아닙니다. 우리 자신을 노출시키는 것은 너무 위험천만한 일입니다.

바깥소식을 듣지 못한 지 6주가 되어 갑니다. 어떤 나라들이 중국과 싸우는지 우리는 모르고 있습니다. 벌써 3달째 송금을 받지 못하고 있는데 도로가 차단되어 텐진을 넘어서 오지 못하고 있습니다. 우리는 심지어 타이위앤(Tai-yuan-fu)과 평지의 다른 도시들과도 연락을 할 수 없습니다.

중국 관아 통신들은 일본전쟁에서와 같이 중국이 이기고 외국이 지고 있다고 보도하고 있습니다. 물론 주를 사랑하는 모든 사람들에게는 어떤 것이라도 유익할 것입니다. 장래 중국 교회에 영광스러운 열매가 맺힐 것입니다.

우리의 가난한 현지 형제들은 우리와 함께 고난을 당하고 있으며 집에서 쫓겨나 언덕에 숨어 있습니다. 이러한 상황이 중국 전역에서 일어나는 일반적인 일인지 아니면 사악한 정치가 위시엔 때문에 산시에만 일어나는 일인지는 잘 모르겠습니다. 이러한 긴장을 견디어 내는 것이 정말 힘듭니다. 그러나 주님은 선하십니다. 필요할 때 적합하게 주시는 말씀이 매우 위로가 됩니다.

이제 또 옮겨갈 준비를 해야 하기 때문에 이 짧은 편지를 마쳐야 하겠습니다. 우리가 발각이 될 때를 대비해서 저는 이 편지를 중국인이 발견해서 어머니께 보낼 수 있는 곳에 묻을 것입니다.

'주님 오실 때까지' 저의 따뜻한 사랑의 마음을 보내며….

당신의 사랑하는 아들, 1900년 7월 27일, 계곡에서, 월리

ᘒ 사랑하는 어머니, 샌더맨 아저씨, 그리고 모든 사랑하는 친구들에게

　의화단들이 가까이 왔습니다. 저는 이제 여러분 모두에게 "안녕히"라고
말할 시간 밖에 없습니다. 우리는 곧 그리스도와 함께 있게 될 것이며 그것
이 우리에게는 훨씬 더 좋은 일입니다. 다만 뒤에 남아있는 여러분들과 사
랑하는 중국 형제들 때문에 마음이 아픕니다. 안녕히!

　아무리 오랜 이별이라 하더라도 '그분이 오실 때까지'일 것입니다. 우리
는 그리스도의 고난에 동참하게 된 것을 기뻐하며 그분의 영광이 나타날
때 '말할 수 없는 기쁨으로 기뻐하게 될' 것입니다.

　마음 깊은 곳으로부터 사랑을 전하며…

　　　　　　　　　당신의 사랑하는 아들, 조카, 그리고 친구가… 피트

헌(Miss E. G. Hurn)의 마지막 편지

1900년 7월 25일 언덕 속의 동굴에서

∞ 사랑하는 형제자매들,

한동안 그래왔지만, 지금 중국이 얼마나 위급한 상황에 처해 있는지 아시리라 믿습니다. 저는 산시성의 모든 선교사들이 자기 사역지를 떠나서 은신처에 숨었고, 또 다른 선교사들은 다른 교구로 가는 도중에 붙잡혀서 죽임을 당했다고 들었습니다. 얼마나 많은 동료 사역자들이 죽임을 당해 지금 주님과 함께 있는지 알 수가 없습니다.

우리도 집을 떠나 시골로 피해야 했습니다. 그곳에서 하룻밤을 지내고 다음날 다른 곳으로 갔는데, 그곳에도 외국인을 찾아 죽이려고 하는 사람들이 있다는 소식에 이른 아침 그곳을 떠났습니다. 우리는 7월 21일 토요일에 시체오(Sih-cheo)를 떠났는데, 다음날 도시에서 연극이 공연되면 의화단이 많이 모여들 것 같아서 갑자기 몸을 피하기로 한 것이었습니다.

다음날 300명이 넘는 의화단원들이 다른 곳에서 시체오로 몰려들었습니다.

중국 지휘관은 관리인이 집안에 있는 물건들을 내주지 않으려고 하자 피트씨의 집을 불태우라고 명령했습니다. 그런 행동은 지휘관이 자기 마음대로 약탈해 가겠다는 의미였습니다. 우리는 현재 무엇이 남아 있는지 모릅니다. 책임을 맡고 있던 사람은 도망하여 주인집에 숨어 있습니다.

집주인이 이 뉴스를 전해 주기 위해 우리에게 보낸 사람이 되돌아 갈 때까지도 그 집은 여전히 불타고 있었습니다. 우리는 우리 집이 어떻게 되었는지 모릅니다. 아마도 중국 관원들이 전부 가지고 가서 물건은 거의 남아 있지 않겠지만, 집은 어떤 식으로든 괜찮을 것입니다.

이미 일어난 일들에 대해 길게 썼는데 이 편지를 보낼 수 있을지 어떨지는 모르겠습니다. 보내지 못하면 여러분은 우리 이야기를 신문에서 읽게 되겠지요. 현재 우리는 살기 위해 탈출하고 있습니다.

이곳은 20년 전 기근이 들었을 때 사람들이 살았던 곳입니다. 지금 있는 동굴에서 이틀 밤을 잤고 지난밤에는 바위 아래 노천에서 잤으며, 아침에는 또 다른 한적한 장소로 옮겼습니다. 모든 위기가 지나갈 때까지 여기서 머물 수 있으면 좋겠습니다. 만약 의화단들이 언덕에 올라 와서 우리를 찾는다면 금방 발각될 것입니다. 그러나 우리는 최선의 길로 인도하시는 하나님의 손 안에 있습니다. 최대한 숨으면서 이 환난의 때가 속히 지나가기를 기다리고 있습니다.

지난 며칠간은 갈 바를 몰랐던 아브람과 같은 기분이었고 머물러야할 확실한 장소가 없었던 순례자나 나그네와 같았습니다. 요즈음 제 감정이 어떤지 표현하기가 어렵습니다. 다른 사람들과의 소통이 차단된 이후로 일어났던 끔찍한 일들 때문에 마치 꿈을 꾸고 있는 느낌입니다.

이 환난의 시간이 지나가면 중국은 매우 다른 나라가 될 것입니다. 교회의 기초는 순교의 피입니다. 외국인이든 현지인이든 얼마나 많은 목숨이 바쳐졌는지 지금은 알지 못합니다. 이 통치자들과 정치가들은 어떤 변명을 할 수 있을까요? 오직 말할 수 있는 것은 하나님께서 모든 것을 통치하고 계시며 이 모든 일들이 일어나도록 허락하신 것은 하나님의 지혜로운 목적이 있기 때문일 것이라는 사실입니다.

　어떤 사람들은 차라리 순교하여 이미 순교한 동역자들과 함께 있는 것이 더 나을 것이라고 생각하기도 합니다. 그러나 이 편지를 읽을 여러분들과 아직 그리스도를 모르는 이방인들을 위해 더 많이 헌신하기 위해 이 땅에 머무르는 것이 좋다고 여길 수도 있습니다. 주님께서 이 환난의 시기에 완전한 평화 가운데서 각 사람의 마음을 지켜 주실 것입니다. 사람들이 집으로 돌아가듯 우리도 하늘나라의 우리 집에 가게 될 것입니다. 거기서 여러분들을 다시 볼 것입니다. 모두 회개하고 천국에서 만나요! 이제 더 이상 시간이 없네요. 주님의 뜻이 이루어지기를 바랍니다.

여러분들의 사랑하는 누이, 죠지

시체오(Sih-cheo)에서 약 50km 떨어진 산시(Shan-si)의 서쪽 경계에 가까운 언덕 사이에 타닝(Ta-ning: '큰 평화'라는 의미)이라는 작은 도시가 있다. 이 지역에 사는 사람들은 대부분 매우 순박하다. 산시의 다른 지역들은 의화단의 광기 때문에 매우 흥분한 상태에 있었지만, 이 지역에는 평화가 계속되고 있었다.

환난이 발생한지 꽤 오랜 시간이 지났을 때, 이디스 네이슨은 다음과 같이 기록했다. "우리가 타닝 주민들과 함께 있는 한 안전할 것이라고 믿습니다. 그러나 외부인이 들어오게 되면 상황이 바뀔 수도 있습니다."

마침내 외부인들이 들어 왔다. 네이슨 자매가 쓴 다소 긴 편지들에 이어 창 목사가 보낸 편지에는 의화단들이 평화로운 이웃 마을들에 분노를 쏟아 놓는 고통스러운 이야기들이 들어 있었다.

7월 12일에 이디스 네이슨(Miss Edith Nathan), 메이 네이슨(Miss May Nathan), 그리고 메어리 헤이스만(Miss Mary Heaysman) 선교사는 몸을 피해야 했다. 오랫 동안 긴장하며 도망다니던 그들은 결국 8월 13일에 잡혀서 살해되었다. 다음은 그들이 쓴 서신들이다.

이디스 네이슨(Miss Edith Nathan)의 마지막 편지

7월 12일

　오늘 아침 현지인 목사님이 찾아 와서 우리가 시골 마을로 피해야한다고 조언을 했습니다. … 언제 돌아올지도 모른 채, 타닝(Ta-ning)을 떠나야 한다는 사실이 매우 슬펐습니다. … 아침 7시 30분경 슬픈 마음을 안고 무옌(Muh-ien)을 향해 떠났습니다. 언제 돌아올지 기약이 없었지만 속히 돌아올 수 있기를 소망했습니다.

　성도들 때문에 제 마음이 에는 듯이 아팠습니다. 그들 앞에 정말 많은 고난이 있다고 느껴집니다. 아무쪼록 믿음에서 떨어지거나 진리를 부인하지 않기를 바랍니다. 그러나 어떤 사람이 그렇게 했다고 할지라도 너무 놀라지는 마십시오. 그러한 시험과 죽음이 너무 고통스러워 믿음을 저버릴 수 있고 또 소망을 버릴 수도 있습니다.

　1시쯤 도착했는데, 성도들은 모두 반가워하면서도 샤오이(Hsiao-i) 여선교사들(Miss Whitchurch와 Miss Searell)의 죽음과 우리가 당하는 박해를 생각하며 매우 가슴 아파했습니다. 하나님께서 그들을 모든 악에서 지켜 주시기를 바랍니다.

　우리는 '그리스도를 사랑하는 자에게는 모든 것이 합력하여 선을 이룬다.'는 사실을 압니다. 그러므로 중국의 이 전쟁이 결국에는 축복이 될 것입니다. 중국 정부에 다른 새로운 토대를 제공할 수도 있을 것입니다.

어떤 일이 다가올지 아무도 모릅니다. 우리 마음은 너무나 지쳐있고 또 슬픕니다. 그러나 우리는 '우리 하나님은 우리를 구원하실 수 있다.'는 사실을 압니다. 하나님도 말씀을 통하여 "내가 너희를 구원하리라."고 약속하셨습니다. 여기서는 모든 것이 평화롭습니다. 그러나 모두가 환난을 알고 있으며 그 날이 오면 우리는 더 멀리 떠나야 할 것입니다.

저녁에 우리는 핑양부(Ping-yang-fu)에서 편지를 받았습니다. …정말 이 '소년 의화단'들은 악마적이며 악마가 고안한 방편으로 보입니다. 사탄의 능력이 어린아이의 마음에 행할 수 있는 일에 대해 영국은 거의 알지 못합니다. 주여, 우리를 그러한 악한 힘에서 구해주소서.

중국 관리는 우리 교사들에게 교회를 떠나라고 명령했습니다. 모든 소문들은 끔찍합니다. 그 도시에서 나왔는데, 교사 둘이 우리에게 와서 당분간 소년 의화단이 지나갈 때까지 도망가 있으라고 충고했습니다.

저는 우리를 보호해야할 중국 관원이 이 일에 무관심한 것에 대해 두려움을 느낍니다. 진실로 우리에게 도움이 있다면 '우리 주 하나님에게서 오는 것' 뿐입니다. 리 집사는 그 도시에서 책임 있는 위치에 있는데, 저는 그가 해를 받지 않도록 주님께 맡깁니다. 성도들은 모두 너무도 친절하고 우리를 위해 최선을 다하고 있습니다.

이러한 시기에 "이 무리들이 우리에게 어떻게 하랴?"는 시편 말씀이 위로가 됩니다. 사실 모든 말씀이 약속으로 충만합니다. 우리 하나님은 결코 실패하실 수 없는 분입니다.

전함이 18척이나 도착했지만 푸젠(Fuh-kien)에 억류되어 있다는 소식을 들었습니다. 오 가여운 중국이여!

　　마음이 매우 고통스럽고 또 무엇을 해야 할지 모르는 상태임에도 불구하고 오늘은 행복한 날이었습니다. 우리 가까이에 있는 성도들이 우리를 보러 왔으며 우리의 곤경에 대해 안타까운 마음을 표현했습니다. 주님을 부인하기보다 고난이 온다면 주님을 위해 기꺼이 고난을 받겠다는 마음을 먹은 그들을 보니 정말 기뻤습니다.

　　그렇습니다! 주님은 이러한 때에 주님 자신의 기쁨과 평안을 우리에게 주셨습니다. 우리의 존재가 그들을 위험에 빠뜨릴 수 있는데도 꺼려하지도 않고 성도들은 모두 우리에게 자기 집에 와서 머물라고 강력히 권했습니다. 그들의 방문과 사랑의 표시가 우리에게 많이 위로가 되었습니다. 한 성도는 닭을 가져 왔고 다른 성도는 밀을 가져 왔습니다. 사랑하는 노 목사님도 오셨습니다. 목사님을 다시 만나게 되어 너무나 좋습니다. 그의 얼굴은 밝고 빛났습니다. 마치 이 땅에서 태어난 사람이 아니라 주님의 얼굴을 계속 바라보며 살던 사람의 얼굴 같았습니다.

　　"그가 우릴 보호해 줄까요?"라고 중국 관원에 대해 묻자 목사님은 "모르겠습니다. 만약 그들이 떠나기를 원하면 떠나도 되며 우리와 함께 머물기를 원하면 머물 수 있습니다. 그것은 저의 일이 아닙니다."라고 했습니다.

　　제가 무심코 "우리 정말 불쌍하군요!"라고 말하자 목사님은 "이 땅의 모든 관원들보다 여러분을 더 잘 돌봐줄 분이 계십니다."라고 대답했습니다.

　　제 믿음이 어디로 가버렸는지요? 우리 하나님은 하늘의 아버지시며 살아계시고 우리를 돌보시는 분이신 데도 말이지요.

우리는 늘 신실한 사람들과 함께 있었습니다. 호씨는 자신이 우리에게 도움이 되는 한 우리를 떠나지 않겠다고 말합니다. 피트 부부는 우리보다 더 좋지 않은 상황에 처해 있습니다. 시체오에서는 사람은 더 많은데 물자 상황은 더 안 좋습니다. 그들은 우리를 거기로 올라오라고 초청했지만, 그들도 언젠가는 도망가야 하는 상황입니다.

산시의 통치자인 위시엔은 외국인을 미워하며 종국에는 우리 모두를 없애버려야 한다는 성명서를 발표했습니다. 그는 우리 가운데 어느 누구도 살려 두기를 원치 않습니다. 이것이 바로 어떤 관리도 우리를 보호해 줄 수 없는 이유입니다. 그래서 여러분이 이 편지를 받게 되었을 때에는 우리가 구원을 받았거나 아니면 아름다움 가운데 계신 왕을 뵈러 하늘나라로 갔거나 둘 중 하나일 것입니다. 우리는 사람들이 포로가 되었다거나 그와 유사한 일을 당했다는 글을 자주 읽어 보았습니다. 그러나 다음에 무슨 일이 일어날지 모르는 이런 상황 가운데 있는 것은 매우 색다른 경험입니다.

우리가 산시의 사역자들을 다시 만나게 될 수 있을까요? 아마 다시는 보지 못할 것입니다. 두 명은 이미 순교자의 면류관을 얻었습니다. 우리는 모르지만 아마 더 많은 사람들이 죽었을 것입니다. 최소한 한 사람은 타이위앤에서 순교를 당했습니다.

1900년 7월 16일, 월요일

아침 식사와 기도 시간 후에 노 목사님께서 오셔서 도시에 5천 명의 군인들이 있으니 그들이 오면 더 먼 곳으로 가는 것이 좋겠다고 하셨습니다.

우리는 이것이 잘못된 경고라고 생각했습니다. 왜냐하면 어제 저녁에 한 사람이 이 소식을 듣고 시내로 가서 확인할 결과 그 정보가 사실이 아닌 것을 알게 되었기 때문입니다. 그럼에도 불구하고 우리는 통멘(Tong-men)으로 출발했습니다. 우리가 도착하기 전부터 비가 내리기 시작하여 하루 종일 계속 내렸습니다. 우리는 콴 씨 집으로 갔는데 매우 친절한 분이었습니다. 오후에 짚이 있는 헛간으로 잠을 자러 갔습니다. 매우 푹신하게 잘 수 있는 편안한 곳이었습니다. 컹이우는 겁이 나서 집으로 돌아갔습니다.

이 시기는 정말 고통스러운 때입니다. 하루 동안에도 무슨 일이 일어날지 예측할 수가 없습니다. 죽이고 해하려는 사람들에게서 도망가고 숨는 것은 정말 한 번도 경험해 보지 못했던 이상한 느낌입니다. 이 환난이 어떻게 끝나며 언제 어떻게 안식이 찾아올지 아무도 모릅니다.

우리는 이런 저런 경우를 상상해 봅니다. 전쟁이 끝날 때까지 기다려야 하는 것인지 아니면 우리 선교사들이 풀려나도록 무언가를 해야 할지 말입니다. 그러나 주님께서 어떻게 이 일을 이끌어 가실지 우리는 모릅니다.

저는 중국에 오기 위해 영국을 떠나기 전날 프리랜드 2가에 있는 성찬 예배에 참석했는데, 거기서 카셀스 씨(지금은 주교)가 "주님의 시간은 결코 늦지 않습니다."라고 설교했던 말을 기억합니다.

우리는 주님이 왜 지금 우리를 구원해 주시지 않는가 하고 생각하지만 그분이 분명 우리를 구원하실 것을 믿습니다. 우리는 연합한 적들을 이기기 위해서 기도할 수 있다고 생각합니다. 왜냐하면 이것은 올바른 목적으로 행해지는 의로운 전쟁이기 때문입니다. "그가 약속하신대로 주 너의 하나님이 너희를 대신하여 싸우시리라"는 어제의 말씀은 큰 도움이 되었습니다.

6월 17일 수요일

아침에 안마당으로 나가 뜨개질을 하고 있는데 위쪽에서 리 집사가 "선생님!"하고 부르는 목소리가 들렸습니다. 우리는 오랜 친구 리를 만나게 되어 매우 기뻤습니다. 그는 좋은 소식을 가져 왔다고 했고 우리는 얼른 피트 씨의 편지를 뜯어서 읽었습니다. 그는 어제까지만 해도 피난 갈 준비를 하고 있었지만, 우리가 보호를 받게 될 것이라는 급한 공문서가 방금 관아에 도착했다는 것이었습니다. 썩 호의적인 서류는 아니었지만 "모든 외국인들을 멸절시키라."는 저번 명령과는 매우 다른 것이었습니다.

추 목사님, 그리고 시 집사 등 몇 명의 방문자가 있었습니다. 성도들을 보는 것만으로도 우리를 향한 그들의 사랑을 느끼게 됩니다. 여러분들도 아마 우리처럼, 그리고 저처럼 느끼게 될 것입니다. 이러한 위태로운 시기에 우리를 보러 온다는 것은 그들이 우리를 얼마나 사랑하고 있는지 보여 주는 너무나 보배로운 행동인 것입니다. 지난 밤 그들 중 몇 사람은 우리가 떠나면 어찌해야 하느냐며 울먹였습니다.

우리는 고국에서 오는 소식을 얼마나 고대하는지 모릅니다. 모두 다 언제나 편지를 받게 될까 하고 궁금해 합니다! 여러분들이 전쟁과 우리의 곤경에 대한 소식을 들으면 얼마나 마음이 슬플지 알고 있습니다. 그러나 주님께서 일하고 계십니다. 우리는 그분이 우리를 위해 싸우고 계심을 확신

합니다. "그가 구원하실 것입니다." 그분은 우리를 모든 악에서 구하실 것이며 고국에 계신 여러분들의 마음을 위로하실 것입니다.

성도들마다 우리에게 선물을 가지고 옵니다. 오늘 우리는 닭 세 마리와 계란 꾸러미, 그리고 사탕 과자를 받았습니다. 주일에도 밀, 닭 한 마리, 그리고 계란들을 가져 왔습니다. 정말 그들은 우리에게 친절히 대해 줍니다. 그들의 사랑 때문에 마음이 밝아집니다. 우리의 수고가 헛되지 않았습니다. 그리고 제가 특별하게 돌봐 주었던 사람들은 열배도 넘게 저에게 되돌려 주고 있습니다.

7월 20일 금요일

우리는 핑양부에 있는 선교사들이 7월 13일에 해안을 향해 떠났다는 소식을 들었습니다. 아마 이제부터는 몇 달간 그들의 소식을 듣지 못할 것입니다. 그들은 우리를 위해 은을 남겼는데 저는 그것을 좀 가져 오도록 2명의 건장하고 용감한 젊은이를 보냈습니다. 그것은 쉬운 일이 아닐 것입니다. 그러나 우리는 주님께서 그들을 모든 악한 사람들에게서 지켜주시고 안전하게 우리에게 돌아오도록 해주실 것을 믿습니다.

모두 50명 이상의 산시 선교사들이 한코우를 향해 떠났습니다. 남아 있는 우리들은 정말 약하고 적은 무리일 뿐입니다. 만약 여기 머무르는 것이 가능하다면 더 남쪽으로 내려가고 싶지 않습니다. 왜냐하면 우리가 다시 돌아올 수 있을지 누구도 모르기 때문이며 제 마음의 반은 사랑하는 이곳 주민들에게 남아 있기 때문입니다.

주님께서 우리에게 주시는 평화는 놀랍습니다. 어떤 일이 일어날지 모르는 상황 속에서도 우리는 안식하며 조금도 두렵지 않습니다.

"내가 너를 도우리라", "내가 너를 구원하리라", "내가 결코 너를 떠나지 않으리라", "내가 너를 결단코 버려두지 않으리라"는 주님의 약속들이 너무나 확실합니다.

우리가 한코우로 보내려고 애썼던 편지들 가운데 어떤 편지들은 돌아왔습니다. 편지를 가지고 갈 사람이 없었습니다. 전혀 배달부 같아 보이지 않는 사람까지도 멈추어 수색을 당했습니다. 그래서 편지를 남자들 옷의 안감에 숨겨 전달하였습니다.

우리는 고국에 있는 여러분들을 자주 생각합니다. 그리고 여러분들이 너무 근심하지 않기를 바랍니다. 우리는 여러분들도 매우 심한 시련을 겪고 있다고 느낍니다. 횟처치와 시어럴의 죽음 소식과 많은 선교사들이 해안가에 당도했다는 소식을 들으시고, 우리 이름이 그 안에 없으면 여러분은 근심하시겠지요.

우리는 편지와 바깥세상의 소식을 고대합니다. 우리가 듣는 모든 소식은 관아를 통해 전해지는 것이어서 그 절반 정도는 믿을 수가 없는 내용들입니다. 그들은 자기들의 목적을 위해 거짓말을 많이 합니다.

메이 네이슨(Miss May Nathan)의 마지막 편지

🔖 중국 정부는 억지로 우리를 보호했을 뿐 그들에게는 자발적인 뜻도 없었고 손님을 공정하게 대접하고자 하는 마음도 없었습니다. 그러나 이제는 구름이 몰려 왔고 폭풍우가 치는 어두운 밤이 다가왔습니다. 누가 새로운 중국이 도래하는 그 아침을 볼 수 있을지 아무도 모릅니다.

그저께 우리는 의화단원들이 시체오 90리밖에 도착했다는 소식을 듣고는 상세한 정보를 얻기 위해 한 사람을 보냈습니다. 다음 날 우리 교사인 호 씨는 타닝에 아이들이나 학생을 모집하는 공고가 나붙어 있는 것을 보고 중요한 것으로 생각하여 복사해 왔습니다. 우리를 해하기 위해 '어린이 마술 부대'를 결성해야 한다고 선동하는 내용이었습니다.

이 의화단 운동은 설명하기가 쉽지 않습니다. 현장에 있지 않으면 이해하지 못합니다. 극악한 행동들로 단련되어 있는 마법사라고 불리는 남자들이 11세부터 15세까지의 소년들에게 광기어린 악행을 행하도록 선동합니다. 이 남자들이 주동자들이고 학생들은 그들이 가르치는 대로 간계를 행하는 매체들이라고 볼 수 있습니다.

학생들은 몇 가지 신호를 배워서 일을 시작하는데 각 손가락마다 특별한 의미가 있습니다. 그들이 광포하게 되면 일할 준비가 되었다는 뜻입니다. 그들이 넘어지면 그때가 바로 일을 시작할 때입니다. 그들에게 무엇을 시키든지 행할 수 있는 광란적 흥분 상태가 되어 있는 것입니다. 실제로 그것은 매우 극단적인 강신술입니다.

우리가 할 수 있는 것은 짐을 꾸려서 성도들이 있는 마을로 도피하는 일이라는 결정을 내렸습니다. 우리가 갈 마을들은 도시에서 좀 떨어져 있고 대부분 산지에 있어서 전망이 매우 좋으며 각 마을마다 몇몇 가족들이 살고 있습니다. 그렇기 때문에 만약 악한 손길이 접근해 온다면 미리 경고를 받고 다른 마을로 피할 수 있을 것입니다.

우리는 옷가지들, 책, 그리도 다른 물건들을 들고 갈 수 있는 만큼 침낭에 쌌습니다. 대부분의 물건들은 상자 안에 넣고 잘 보전되기를 바라면서 자물쇠로 채웠습니다. 만약 남아있지 못한다고 해도 그리 큰 문제는 아닙니다.

소유물이 그다지 중요하지 않다고 여겨지는 것은 정말 멋진 일입니다. 정말 그것들은 그렇게 집착할 것들이 아니었습니다. 우리 생명만 보존되어도 정말 감사할 뿐이지요.

우리는 새벽 1시 전에는 잠자리에 들지 못했습니다. 저는 단 십여 분도 잠들 수가 없었습니다. 이즈음에는 아무도 잠을 잘 잘 수 없었는데, 그다지 이상한 일도 아니지요.

오늘 아침 관원에게 연락했지만, 그는 나타나지 않았습니다. 그래서 우리는 신실하신 우리 목사님의 지도대로 처음 계획을 고수하여 최소한 며칠 동안이라도 마을로 가는 것이 좋겠다고 생각했습니다. 통행증은 나중에 리 집사가 가지고 오기로 했습니다. 그러나 관리들도 "외국인들을 제거하라!"는 왕명을 이미 받고 있었기 때문에 통행증도 아무 소용이 없는 것이었습니다. 그래서 우리는 우선 키체오와 시체오에 연락책들을 보내고 나서, 떠나기 전에 말씀 한 구절을 읽고 찬양과 기도를 했습니다. 사랑하는 노 목사님과 몇몇 사람들은 눈물을 흘렸습니다. (저는 그 당시에 눈물을 흘리지 않았고 그 이후로도 그렇게 하지 않았습니다.)

우리는 불안해 하는 말을 타고 아침 7시 반경 조용히 도시를 떠나 여기에 오후 2시경에 도착했습니다. 정오의 열기 속에 여행을 하면서 곡물 죽을 조금 마시기 위해 잠시 노중에 멈춰 섰으며 작은 마을에 멈추어 물도 얻어 마셨습니다. 그렇게 여기 도착하게 되어 저는 정말 기쁩니다. 사람들도 우리를 보고 매우 기뻐하는 것 같습니다. 어떤 일이 벌어질지 몰라서 바깥에 나가지도 못하고 구멍에 갇힌 쥐처럼 도시에서 사는 것보다 여기에 있는 것이 더 나은 것 같아요.

그런데 우리의 생명이 추적을 당하고 있다니 정말 특이한 경험이 아닐 수 없습니다! 직접 경험은 해보지 않았지만 외국인에게 행해도 좋다고 황후가 허락한 악행에 대해서 우리는 충분히 들었습니다. 오늘날 그렇게 많은 이야기를 듣는데 내일은 또 어떤 일이 벌어질까요?

오늘 하나님은 "내가 너와 함께 갈 것이고 너에게 안식을 주리라."는 약속의 말씀으로 우리의 걸음을 인도해 주셨습니다. 아마 내일은 "안식처에서 일어나 가라."는 말씀을 주실 지도 모르겠네요.

7월 13일

앨리스의 생일입니다. 많은 사람이 다시 만나 행복했습니다! 아직 피곤이 풀리지 않은 상태로 잠자리에 있는데, 누군가 바깥에서 우리를 불렀습니다. 자기 집에 가서 아침 식사를 같이 하자는 것이었습니다.

식사는 그 지역 사람들이 먹는 빵과 작은 접시에 담긴 콩나물이었고 멀건 수프가 반 그릇 정도 나왔습니다. (그 물은 빵을 찌는데 사용되었던 물인데 정말 끔찍한 맛이었습니다). 활기 없이 매우 피곤한 상태로 돌아왔지만 와서 뜨거운 물로 차를 만들어 마시자 좀 기분이 나아졌습니다.

저는 종이 위에다 병아리들을 그려서 주위에 모여든 어린아이들을 즐겁게 해주었고, 우리가 머물고 있는 뜰의 동굴들을 스케치 했습니다.

7월 14일

편지를 쓰고 있는 지금은 안전하지만, 이런 상태가 얼마나 오래갈지는 아무도 모릅니다. 물론 도시에 있는 사람들이 우리가 여기 있다는 사실을 알기 때문에 또 다른 마을로 가야할지도 모르겠습니다. 목요일에 도시에서 남자 두 명이 찾아 와서 우리에게 시골로 피신을 가라고 했습니다. 오년 동안 그곳에 있던 여 선교사들을 더 이상 보고 싶지 않다는 것이었습니다.

매우 상처가 되었지요. 작년 가을 자신의 우상을 치워버렸던 바로 그 사람이 지금 우리를 대적하는 지도자들 가운데 있고 아이들에게 마귀의 계략을 가르치고 있습니다.

여러분이 저의 이 짧은 편지를 보게 될지 어떨지 불확실하고 제가 편지를 쓰는 일도 매우 힘듭니다. 그러나 여러분이 이 글 덕분에 우리들에 관해, 특히 우리의 마지막 날들에 대해서 들을 수 있는 가능성을 생각하며 이 편지를 쓰고 있습니다. 우리의 마지막 날이 언제일지 모르지만 말입니다!

저는 이 땅을 떠나기에는 너무 준비가 되지 않았고 그동안 한 일이 너무 적습니다. 왕의 존전으로 곧 가야만 한다니 제가 그럴 수 있을까요?

저는 좀 더 기다렸다 가고 싶습니다. 그러나 아무 것도 그리스도의 사랑에서 우리를 떼어 놓을 수 없으니 그분은 우리를 용서하실 것입니다. 비록 여기에서 비교적 평안하다고 해도 우리 모두는 이 땅위에서 당분간 나그네로 살고 있는 것뿐입니다. 여러 번 말씀드리지만 하나님만이 우리의 도움이십니다. 그분이 길을 열어 주지 않으시면 누가 도울 수 있겠습니까?

사랑하는 여러분, 우리 소식을 여러분들이 다시 들을 수 있을까요?

우리에 대한 여러분의 마음이 어떠한지 잘 압니다. 그러나 도움은 매우 더디고, 해안에서 어떤 일이 일어나고 있는지 전혀 모릅니다. 관아의 조서를 믿을 수가 없습니다. 우리의 시간은 하나님의 손 안에 있습니다. 소망이 없는 사람처럼 슬퍼하지 마시기 바랍니다!

7월 17일 화요일

주일에 우리는 정말 좋은 시간을 보냈습니다. 목사님은 일찍 도착하셨고 많은 성도들이 우리를 환영하고 위로하기 위해서 왔습니다. 남자, 여자, 젊은이, 노인, 그리고 적지 않은 아이들이 주위 인근 마을에서 걸어서 우리에게 왔습니다. 마치 작은 수양회와도 같았습니다. 아들들은 오전에 왔고 그 동안 집을 지키고 있었던 분들은 오후에 저희를 찾아 왔습니다. 우리는 계속 이야기를 나누었는데 저는 그들이 생각하는 방식대로 생각하려고 애를 썼습니다. 성도들이 얼마나 우리에게 신실한지 그런 경험을 할 수 있는 상황에 있다는 것은 정말 값진 일이었습니다.

그리스도인이 아닌 사람 중에도 우리가 겪는 피해에 대해 마음 아파하는 사람들이 있었습니다. 우리는 저토록 순박하고 충성스럽고 하나님을 경외하는 사람들과 함께 있기 때문에 대부분의 다른 외국인들보다 더 편안한 상황에 있는 것이 분명합니다.

어제 우리는 아침 식사와 기도 시간을 마친 직후 8시경 늑대의 울음소리를 들었습니다. 이전 요리사 아들이 달려 들어와 수많은 군인들이 타닝에 들어 왔다고 했습니다. 그들이 무슨 목적으로 왔는지 몰라도 우리는 성경을 (여러분의 사진들이 안에 들어 있습니다) 챙겨서 호씨와 함께 이웃 마을로 갔습니다. 비가 억수같이 퍼부었기 때문에 우리는 그 마을에 하루 종일 머물다가 저녁 7시경 돌아왔습니다.

아! 돌아오게 되어 얼마나 기뻤는지요. 한 사람은 너무 피곤해서 벽돌을 침대로 삼아 누웠습니다. 오후에 저는 잘 잘라진 짚더미로 가득한 헛간을 발견했습니다. 나는 그것이 안락한 쉼터라고 생각했지만, 중국인들은 반대하며 즉시 빈 동굴을 청소하고 자리 위에 깨끗한 매트를 놓아주었습니다. 비가 왔기 때문에 거기서 밤을 지내려고 하자 그들은 우리가 잘 수 있도록 침구도 빌려 왔습니다. 그러나 몰리의 몸 상태가 좋지 않았기 때문에 우리는 집에 가야겠다고 그들에게 양해를 구했습니다.

깜깜할 때 도착하여 차 한 잔을 마시니 너무나 좋았습니다. 왜냐하면 우리는 아침 식사 후 아무 것도 먹지 못했으며 마을에서는 차를 마시는 것이 아직 사람들에게 잘 알려지지 않은 사치스러운 일이었기 때문입니다.

너무 피곤해서 누우니 딱딱한 침대도 부드럽게 느껴졌습니다. 달아나는 것이 매우 우스꽝스럽게 느껴졌습니다. 그것이 잘못된 정보였기 때문입니다.

오늘은 다시 비가 내렸습니다. 저는 하얀 인도산 무명을 재단하여 속 쟈켓을 만드는데 마음을 쏟았습니다. 조용히 앉아서 하루 종일 아무 것도 하지 않는다는 것이 얼마나 두려운지요!

타닝에 갔던 소년이 오늘 오후에 돌아와서 군인들이 그 도시에 도착하기는 했는데 악행을 저지르고 배회하는 사람들에게 공포를 주었을 뿐이라고 했습니다. 그들이 며칠 후에 돌아간다는 것을 보면 우리를 해하기 위해 온 것은 아닌 것이 분명합니다. 타닝에 있는 아이들은 다른 도시의 아이들이 배웠던 그런 악한 행동들을 배울 수 없을 것이라는 소식도 들었습니다.

진실로 하나님은 우리의 기도에 응답하셨으며 '악한 자들의 계교를 헛되게' 하셨습니다. "머리카락 한 올도 땅에 떨어지지 않으리라."는 말씀이 우리가 붙들 수 있는 약속입니다.

평양부로 간 심부름꾼은 아직 도착하지 않았습니다. 그러므로 우리는 그곳에 있던 우리 친구들의 운명을 모르고 있습니다. 또한 우리는 시체오에서 소식이 오기를 날마다 기다리고 있습니다. 군인들이 그곳에 도착한 것은 악인들에게 위협이 될 것입니다. 그렇게 될 것이라고 우리는 믿습니다.

7월 18일

하늘은 점점 더 맑아져 가고 있습니다. 우리 심부름꾼이 시체오에서 황후가 공표한 조서를 복사해 왔는데, 그 내용은 만약 외국인들이 자신들이 거처하는 곳에서 문제를 일으키지 않는다면 목숨은 부지할 수 있을 것이라는 것이었습니다. 그러나 모든 그리스도인들은 자기들의 신앙을 부인해야 했습니다. 이 조서는 지난 수요일에 내려졌던 내용보다 더 관대한 것이었습니다. 지난 수요일의 조서는 중국 왕궁의 오랜 인내에도 불구하고 외국인들이 너무 나쁜 행동들을 해왔기 때문에 그들을 모두 처단할 것이라는 내용이었습니다. 물론 한 차례 발포로 텐진 사방 60리를 불태웠다는 소식이 베이징에 있는 궁전에 들어가서 이렇게 보다 관대한 조서를 타협적으로 발표했을 것입니다.

현지의 성도들은 그들에 관계된 불리한 조항들에도 개의치 않고 기뻐서 춤을 춥니다. 리 집사는 그 소식을 들고 도시에서 50리를 달려왔습니다. 너무나 기쁘고 즐겁다고 말하는 그의 노안은 온통 미소로 가득했습니다. 시 집사 역시 병아리 한 마리와 보리 물엿을 조금 가지고 그의 마을에서 달려 왔습니다. 그는 추 목사님을 따라 왔는데, 어머니가 우리에게 주는 선물로 그가 매우 자랑하는 큰 계란을 가져 왔습니다. 모두가 들뜬 목소리로 말했으며 무엇을 가지고 오든지 간에 흥분된 분위기가 지속되었습니다.

저의 하인은 한 번도 만들어 본 적 없고 단지 만드는 것을 구경만 한 빵과 스폰지 케이크를 만들었는데 매우 잘 만들었습니다. 그래서 오후에 교사, 목사, 그리고 집사들을 초대했습니다. 그들은 보리물엿을 아주 특별한 대접으로 여기면서 즐거워했습니다. 리 집사는 우리의 모든 물건들을 상자나 다른 장소들에 넣고, 숨기고 모든 물건들을 함께 섞어 놓느라고 바빴습니다. 그는 우리가 돌아 왔을 때 그것들을 분류하는 상상을 하며 아주 즐거워하고 있습니다.

7월 19일

어제 이후로 그다지 많은 일들은 일어나지 않았습니다. 오늘 아침 추 목사님이 떠나자마자 창 목사님이 방문하셨습니다. 창 목사님은 추 목사님의 크고 푸른 우산 아래 있는 작은 산과 같이 보입니다. 두 목사님은 모든 면에서 아주 대조적이며 은혜의 두 기둥들 같습니다. 그러나 분필과 치즈처럼 서로 다릅니다.

오늘 오후에 우리 집 도우미가 타닝에서 왔습니다. 나는 그를 만나서 매우 기뻤습니다. 그는 피트 부인이 시체오에서 우리에게 보낸 것들을 한 바구니 가지고 왔습니다. 빵과 두 개의 큰 케이크, 산딸기 잼이 든 작은 병, 그리고 생강 빵 비스킷 한 깡통이 들어 있었습니다. 정말 얼마나 사려가 깊은 분이신지요!

시체오는 여전히 평화로웠기 때문에 우리는 그곳에 더 이상의 위기가 없기를 바랐습니다. 엘시의 근황을 들었는데, 너무 병약해져서 음식도 제대로 먹지 못한다고 합니다. 이 모든 고통스러운 환경 때문에 신경이 쇠약해졌기 때문인 것 같습니다.

7월 20일

바깥세상에서는 아무 소식도 없습니다. 독서와 일로 낮 시간을 보냈습니다. 오후에는 많은 여인들과 아이들이 왔습니다. 오! 중국 아이들은 사람을 매우 지치게 합니다. 그들은 악을 쓰고 소리를 지르고 어머니들은 그들을 세게 때립니다. 그러면 그들은 더 소리 지르고 먼지에 뒹굴며 고함을 지름으로 항상 아수라장이 됩니다. 어머니들과 아주머니들 누이들 그리고 사촌들이 마루에 둥글게 앉았습니다. 파리 떼들이 많이 날아다닙니다. 한낮에 우리는 두 시간 동안 낮잠을 잤습니다. 우리는 기상 시간이 아침 6시였기 때문에 하루가 매우 길게 느껴집니다. 취침 시간은 9시 반경입니다.

7월 21일

새 소식은 없습니다. 평상시와 같은 일상이 계속됩니다. 우리는 먹고, 마시고 그리고 잠을 잡니다. 닭 한 마리가 내 다리로 뛰어 왔습니다. 그 닭은 아마 내가 자기의 어린 병아리를 해할 것이라고 여겼나 봅니다.

저는 오늘 속 쟈켓 만드는 일을 끝내고 주머니가 없었던 쟈켓에 주머니를 다는 일로 나머지 시간을 보냈습니다. 다음에 무슨 일이 일어날지 모르는 상태에서는 많은 것을 안정되게 할 수는 없는 것 같습니다.

마지막 때는 어떠할까요? 믿음이 약한 성도들은 박해를 두려워하며 집에다 우상을 세우고 역술을 행합니다. 그러나 연약한 자들만 그러했습니다. 교회의 진정한 일원이 아니었던 것이지요.

7월 22일

어제는 아무 소식도 전하지 못했습니다. 오늘도 동일한 내용을 쓰고 싶은데 그럴 수 없을 것 같습니다. 어제 아침에 목사님이 오셨습니다. 그저께도 오셨기 때문에 우리는 다소 놀랐습니다. 그러나 우리의 질문에 목사님은 타닝에 있는 사람들도 모두 무사하다고 하셨습니다. 그래서 우리는 차를 마시고 평상시대로 외국인들끼리 토요기도회를 했습니다.

저는 좀 늦게 왔는데 이디스가 저를 보자 영 부부와 함께 있던 사람들이 모두 살해되었다는 이야기를 해주었습니다. 저는 너무 충격을 받아 울고 싶었습니다. 그러나 목사님은 울지 말라고 하시며 지난 7월 17일에 일어났던 일에 대해 기록한 편지를 읽어주셨습니다.

영 부부, 맥코넬 부부, 아기 케네스, 킹 양, 그리고 버튼 양은 가까이에 있는 황허 강으로 가기 위해 인근 마을을 떠났다고 합니다. 남으로 가는 배를 타려고 했던 것입니다. 이른 아침에 한 무리의 남자들을 만났는데, 강 건너는 것을 도와주겠다고 했다고 합니다. 그런데 길을 잘 아는 맥코넬 씨가 잠시 후에 그들이 엉뚱하게 다른 길로 가고 있음을 알고 항의하자 그들은 하상 근처의 외딴 곳에 도착하여 모두 내리라고 하며 "너희가 죽어야 할 시간이 왔다. 여기가 바로 그 장소다"라고 말했다고 합니다.

그들은 모두 내려 와서 땅에 무릎을 꿇었으며 영 선교사가 기도했습니다. 강도들은 노새를 모는 사람들에게 "너희들 물건들을 가지고 가라. 우리는 너희를 해치고 싶지 않다"고 말했고 그래서 그들은 그 자리를 떠났다고 합니다. 그들은 선교사들과 중국인 시종까지 다 죽이고 그들의 물건과 말을 가져 갔습니다. 이것이 우리가 알고 있는 이야기의 전부입니다.

짧은 시간 안에 일곱 명이 천국으로 간 것입니다. 모두가 젊은 사람들이라 중국에서 주님을 위해 정말 많은 일을 할 수 있는 사람들이었습니다.

여 선교사 둘은 저와 함께 중국으로 온 사람들입니다. 엘리자베스 버튼은 중국으로 오기 위해 오년을 기다렸는데, 올 봄에 휴가를 받아 본국에 간

브루어 씨와 약혼을 했습니다. 그리고 애니 킹은 정말 기쁨과 총명함이 가득한 여성이었습니다.

영 선교사 부부에 대해서는 뭐라고 써야 할지 모르겠습니다. 6월 초에 저는 그들과 함께 키체오에 머물렀습니다. 아시다시피 지난 가을에 저는 약 6주간을 거기에서 지냈는데, 영 선교사는 그때 일시적으로 순회 설교를 하고 있었습니다. 그들은 저에게 너무나 친절했습니다. 작년에 저는 텐진에서 있었던 그들의 결혼식에 참석했었는데, 이제 겨우 일 년 밖에 지나지 않았습니다. 지금 그들은 천국에서 긴 신혼여행을 하고 있을 것입니다.

그들은 제일 처음으로 죽은 저의 친구들입니다. 그런 죽음을 맞게 되다니요! 칼로 난도질당하여 죽임 당한 것을 생각하면 치가 떨립니다. 만약 황후가 외국인들을 다 죽이라는 조서를 내리지 않았다면 강도들이 그렇게까지 그들을 공격하지는 않았을 것이고 그렇게 많은 사람을 죽이려고 하지는 않았을 것입니다. 그렇게 고귀한 생명들이 죽다니 너무나 슬프고 또 슬픕니다.

다음은 누구 차례일까요? 아마 우리가 될 수도 있겠지요. 왜 우리는 살아남아 있을까요? 아마 먼저 간 성도들의 목숨이 더 고귀해서일 것입니다. 저는 그런 죽음을 죽고 싶지 않습니다. 그러나 잠시 후에 그런 죽음이 찾아온다면 그 이후에는 더 이상의 슬픔도, 고통도 없게 될 것입니다. 날마다 내일은 어떤 일이 다가올지 모르는 상태로 지내고 있습니다!

사랑하는 어머니, 저에 대해 어떤 소식을 듣게 되더라도 너무 염려하지 마세요. 세상의 눈으로는, 고국을 떠나 일 년간 선교지 언어를 배우다가

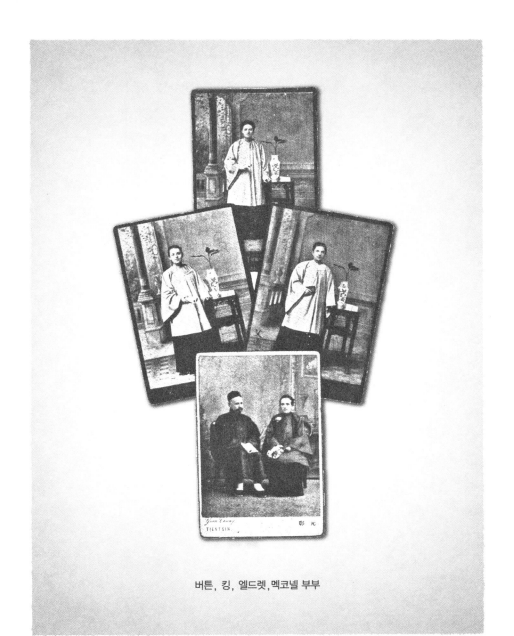

버튼, 킹, 엘드렛, 멕코넬 부부

그 모든 것이 중단되어 버리는 사건이 무가치한 일로 보일 것입니다.

많은 사람들이 "왜 그곳에 간 거야? 인생을 낭비한 거잖아"하고 말하겠지요. 하지만 저는 담대하게 "그렇지 않아요."라고 말할 수 있습니다.

하나님을 믿으세요. 그분은 가장 좋은 일을 행하는 분이시며 결코 실수하지 않으십니다. 주님께서는 그분의 종들을 구속하시고 악한 자들의 손에서 구해 주실 것이라고 약속하셨습니다. 그 구원은 죽음을 통하여 올 수도 있습니다. 그분의 손은 썩어질 것을 받으시는 것이 아니고 썩지 않는 영화로운 영혼을 받으실 것입니다.

앞서간 고귀한 분들이 겪었던 고난을 겪게 되지 않으리라는 확신이 저에게는 없습니다. 겪을 수도 있고 겪지 않을 수도 있겠지요. 물론 우리가 살아 있기 때문에 그런 소망도 있습니다. 그러나 순교자들에 대한 이야기를 듣게 되면 그런 소망이 희미해집니다.

우리는 그리스도와 함께 고난을 받기 위해 부르심을 받았습니다. 사실 오늘날도 초대 교회의 성도들같이 성경을 기록된 그대로 믿는 사람도 있습니다. 그들은 예수님을 위해 육체적인 고통도 참고 견뎠습니다.

우리는 정신적이고 영적인 고통을 자주 견디어 냅니다. 이제 어쩌면 극도의 육체적 고난도 견디어 내야 할지 모릅니다.

그러나 사랑하는 어머니, 죽음은 생명의 문입니다. 우리는 그분의 얼굴을 보게 될 것이며 거기서 사랑하는 어머니를 다시 보게 되기를 간절히 기다리고 있을게요! 우리의 사랑하는 친구들, 친척들에게 하나님만이 위로를 주실 수 있을 것입니다.

요즈음은 거울을 보지 않는 것이 더 좋은 것 같습니다. 저에게는 없는데 몰리가 거울을 가져 왔습니다. 거울을 몇 번 보았는데 그다지 즐겁지 않았습니다. 그러나 상관없습니다. 우리는 변화될 테니까요.

요즈음은 지루하고 불확실한 나날을 보내고 있습니다. 무서운 소식이 또 전해져 올까 봐 두렵습니다. 우리 거주지의 평화가 얼마나 오랫동안 지속될 수 있을까요? 지금은 어두움의 권세가 활개를 치고 세상의 임금이 권세를 잡은 시기입니다. 언제까지입니까? 오, 주님! 언제까지입니까?

7월 23일, 아름다운 산 정상의 사원에서

앞에서 우리의 현재 상황에 대한 글을 읽으신 줄 압니다. 어제 말씀드린 대로 다음에는 어떤 일이 일어날지 아무도 모릅니다. 오늘 아침 우리가 기도와 침대 정리를 끝내고 아침 식사 준비를 막 마쳤을 때, 이디스가 급하게 들어 와서는 "서둘러요. 우리는 지금 떠나야 해요."라고 소리쳤습니다.

저는 작은 성경과 지갑을 급히 챙겨서 집을 나서다가 호 씨의 말을 듣고 집으로 다시 달려가 피트 부인이 보내 주었던 케이크과 비스킷을 가져 왔습니다. 물론 우리는 아침 식사에 손도 대지 못했습니다. 우리는 성도들이 숨어 있던 동굴로 갔습니다. 그리고 거기서 세 번의 짧은 기도를 드렸는데, 몰리의 기도가 채 끝나기도 전에 키타이리가 와서 "빨리 출발하세요."라고 말했습니다. 우리는 인적이 드문 가파른 길로 오르락내리락 하며 숨도 제대로 쉬지 못하고 걸어서 여기에 도착했습니다. 양들이 다니는 가파른 길을 걷느라 가여운 이디스는 많이 지쳤습니다. 더 이상 걸을 수 없을 때마다 우리는 자주 모자를 깔고 바닥에 앉아 쉬었습니다.

제가 사원의 풍경을 그려 보았는데, 보시다시피 이 사원은 황폐해서 우리는 땅 위나 석판 위에 앉아야 했습니다. 또 목을 축일 물을 구하러 키타이리가 40리나 떨어진 마을을 다녀와야 했습니다.

우리는 성경에 나오는 야곱처럼 돌베개를 하고 누웠습니다. 오늘 아침 소식에 의하면 한 무리의 강도 떼가 우리 뒤를 쫓아 여기로 오는 중이라고 합니다. 어제 추안코에 있는 성도들 가운데 한 사람도 강도 떼가 외국인들을 찾고 있다는 소식을 들었답니다. 그들은 시쳉으로 가서 예배를 인도하고 있는 목사님에게 그곳에 외국인이 있냐고 물었다고 합니다. 그들은 계속 문을 두드리다가 가버렸다고 합니다. 시쳉은 여기서 약 40리 떨어져 있습니다.

그들은 오늘 우리의 침구들을 가져가 버릴 것입니다. 우리에게는 빗도 없고 잠자는데 필요한 물건도 하나도 없습니다. 밤을 지내기 위해 여기서 우리 요리사가 사는 호이 마을로 20여리를 가야할 것입니다. 그 후에 도시로 가려고 합니다. 그의 형제는 교사며 신실한 성도입니다. 그들도 우리가 낮 동안에는 버려진 사원에 가 있다가 밤이 되면 마을로 돌아오는 것이 좋겠다고 생각하고 있을 것입니다.

그러나 저는 그것도 오래 가지 못할 것이라고 생각합니다. 지금 우리에게는 보장된 정부의 보호가 없습니다. 악한 사람이 우리에게 해를 끼칠 수도 있고 또 그렇게 하고서도 처벌을 면할 수 있습니다. 그러므로 우리는 조심해야 합니다.

메이 네이슨의 마지막 일기 중 한 페이지를 복사한 것

타닝의 창치펜(Chang Chi-pen) 목사가
네이슨(F. E., M. R. Nathan)과 헤이스만(E. M. Heaysman)의
친척들에게 보낸 편지

₧ 우리의 사랑하는 세 여성 선교사는 한 마음이었고 열정이 가득했던 분들이었습니다. 주변 지역에 살고 있는 중국 형제자매들은 그들 덕분에 기쁘게 복음을 받아 들였고 그 결과 교회는 점차 성장했습니다.

하지만 너무나 안타깝게도 6월 말경 선교사들과 현지 성도들이 죽임을 당하고 예배 처소들은 파괴되었으며 타이위앤과 홍퉁, 샤오이, 그리고 다른 지역의 재산들이 모두 약탈당했다는 소식을 들었습니다.

여선교사들과 우리는 매우 긴장했습니다. 더구나 콩호라는 이름의 무역회사에서 일하는 팅츄엔이라는 남자가 마법 공식에 대한 복사본을(의화단들이 사용하던) 다른 지역에서 가지고 왔습니다. 온 도시가 불법적인 연맹을 형성하고 그 우두머리들이 공연을 합니다. 사람들은 끊임없이 사원으로 모여 들어 의화단 군사 훈련을 합니다.

여선교사들과 우리는 너무나 두려워 무히엔이라고 불리는 곳으로 도망갔습니다. 그곳에도 역시 키체오에서 온 무장한 악한들이 있었는데, 그들은 여선교사들과 현지 성도들을 찾고 있었습니다. 더구나 이 도시와, 난산, 타오키아오, 그리고 코케오는 시장 지역인 우첸, 상피, 그리고 용하 지역들과 연합을 했습니다. 그리하여 하나의 조직이 결성되었는데 그 조직은 시추안이라는 곳에 자리를 잡았습니다.

그 연맹의 지도자들과, 아버지들, 아들들, 친족들, 그리고 친구들은 의화
단을 돕기 위해 칼, 창, 그리고 장대들을 만들었습니다. 그들은 모든 장소
에서 성도들을 죽이고 그들의 처소에 불을 지르며 물건들을 약탈하고 무겁
게 벌금형을 매기기도 했습니다. 그들은 용의주도하게 여선교사들과 현지
성도들을 수색했습니다.

그 당시에 탈출할 수 있는 길이 없었습니다. 할 수 있는 일이라고는 남
쪽 언덕으로나 북쪽의 숲, 혹은 산 속에 있는 동물들의 은신처 혹은 동굴로
피신하는 길뿐이었습니다. 아버지와 자녀들도 서로를 돌봐줄 수가 없었습
니다. 양테추인, 호후아, 그리고 리 집사, 이 세 사람은 얼마동안 숨어서
여성들을 돌보아 주었습니다.

음력 7월 18일(8월 12일)에 루키아야오라고 불리는 남쪽 언덕에서 양
테추인이 죽임을 당했습니다. 그가 죽고 나자 3명의 여선교사들은 잡혀서
(사랑하는 자매들이여 너무도 슬픕니다!) 도시 외곽으로 질질 끌려 나와 사
원에까지 이르게 되었습니다. 그들은 굶주리고 목이 마른 채, 서지도 앉지
도 못하고 눕기도 힘든 상태에서 친구 하나 없이 악한 사람들 무리에 둘러
싸였습니다. 음력 7월 19일(8월 13일) 그 여선교사 3명도 모두 죽임을 당
했습니다.

그들의 승리에 관한 소식이 음력 8월 두 번 째 윤달에(9월 24일에서 10월
22일) 우리에게 도착했습니다. 음력 9월 10일(11월 1일) 타닝의 행정관인
짜오가 그 지역에 사는 일단의 사람들과 함께 여선교사들의 시체를 관 속
에 넣고 도시의 서쪽 근교에 있는 사원에 놓아두었습니다.

저의 죄명도 우리가 정말 사랑했던 그 세 자매들의 것과 동일했습니다. 그러나 다행이도 저는 며칠 후인 음력 7월 27일(양력 8월 21일) 저의 아들과 함께 붙잡혔습니다. 위시엔을 승계한 통치자 리의 칙령은 같은 달 26일인가 27일에 관아에 도착했으며 하늘 아버지의 풍성하신 은혜로 인하여 그것이 우리의 생명을 구했습니다.

음력 7월 19일(8월 13일) 마샹후라고 이름하는 사람이 피트 씨와 그와 함께 하는 사람들 여섯 명을 모두 잡기 위해 통츄안, 팡키스, 리키, 그리고 티키아유엔 마을 사람들과 함께 왔습니다. (이 친구들은 8월 30일 귀우 근처에서 죽임을 당했다는 소식을 나중에 들었습니다.)

저는 이 편지를 누가 받게 되더라도 영어로 번역하여 네이슨과 헤이스만 선교사의 친지들에게 전해 주기를 바랍니다. 이 편지는 매우 중요합니다. 왜냐하면, 그들이 경험한 모든 일들을 그들의 부모가 상세히 알 수 있도록 편지를 써 달라고 예배당을 떠나면서 특별히 부탁했기 때문입니다.

하나님 아버지와 주 예수 그리스도의 은혜와 평강이 우리 모두와 영원히 함께 하기를 바랍니다!

2

타퉁 순교자에 대한 기록

친구들의 증언

스튜어트 매키 부부

·

이안슨 부부

마가렛 엘리자베스 스미스

·

마리아 애프스텐

"볼찌어다, 마귀가 장차 너희 가운데서 몇 사람을 옥에 던져
시험을 받게 하리니…(계시록 2:10)"

"여기서 성도들이 핍박을 받는 모습은 사단의 직접적인 행위에 의한 것으로
간주할 수 있으며 우리가 잘 관찰해 볼 필요가 있다고 생각합니다.

때로 성도들이 증거하는 진리가 인간의 교만, 편견, 그리고 열정을 공격했
기 때문에 핍박을 받는다는 생각을 합니다. 대부분 그것이 사실입니다.

그러나 그러한 핍박의 근원을 파악하려고 하지는 않았습니다. 우리들에게
전해 내려온 바, 최초의 박해들에 관한 기록만큼 탁월한 것은 없을 것입니다.
이러한 점에서 그 기록들은 믿음을 끝까지 지켰던 신실한 성도들이나 순교자
들, 그리고 후에 그들의 고난과 승리에 대해 언급했던 사람들의 깨달음보다
더 탁월하게 성경을 우리 앞에 예증해 줍니다.

즉 그들이 통과해야했던 환난이라는 큰 싸움은 단지 자신의 열정이나 편견,
혹은 교만을 공격받은 인간의 대응이 아니라 즉각적인 마귀의 대응이었다는
사실입니다. 혈과 육으로 이루어진 원수들은 단지 도구와 통로로서, 눈에 보
이지는 않으나 실재하는 존재인 사단과 계속적으로 관계함으로써 모든 시력
을 상실하게 된 것입니다.

한 쪽에서는 끝이 보이지 않는 구덩이로부터 마귀가 반역을 꾀하여 힘과 악
한 꾀로서 성도들 속에서 하나님을 대적하는 전쟁을 일으키고 있습니다. 그러
나 한 편에서는 악한 자뿐만 아니라 사탄을 이기는 승리가 있습니다. 그러한
승리는 영적인 것이어서 그리스도께서 친히 영의 눈으로 보실 때만 사탄이
번개처럼 하늘에서 떨어지는 것을 보실 수 있었습니다."

트렌치 대주교의 '아시아에 있는 일곱 교회들에게 보내는 편지'중

타퉁 대학살

타퉁(Ta-t'ung)은 산시성의 북쪽의 중심 도시이다. CIM은 1886년에 그곳에 선교기지를 세웠다. 순교한 CIM의 선교사들은 그 도시에서 사역했던 여섯 선교사들이 학살당했다는 소식이 확인되기 전에 출판된 책이다. 그래서 그 책에는 그들에 대한 기념사가 포함되어 있지 않았다. 사람들은 초조해 하며 그들이 몽고를 경유하여 러시아 땅으로 탈출했기를 간절히 바라고 있었지만, 그 소망은 무참히 깨어져 버렸다. 1901년 6월에 이르러서야 실제로 그 장면을 목격한 중국 성도들이 텐진 해안에 도착하여 그 슬프고도 끔찍한 이야기를 자세하게 들려주었다.

6월 14일, 의화단원들은 처음으로 타퉁으로 들어와서 신병들을 모집하고 등록시키는 일을 시작했다. 핍박의 폭풍우가 몰려오고 있었지만, 6월 18일에는 18명의 지원자가 사람들이 보는 앞에서 세례를 받고 예수 그리스도의 군사로 등록했다. 이 18명 가운데 5명이 며칠도 채 지나지 않아서 피의 세례로 그들의 신앙고백을 증명했다.

그 폭풍이 처음으로 발발한 날은 6월 24일이었다. 쫓기고 있던 선교사들은 관아 근처 익숙한 곳에 완벽한 은신처를 발견했는데, 얼마 안 있어 매키 부부가 돌로 심하게 맞아 부상을 당했다. 남편은 머리에 아내는 발목에 부상을 입었다.

6월 27일, 이런 고통스러운 상황 아래서 매키 부인은 아들을 출산했다. 그 아기는 부모가 택한 나라에서 무례하고도 혹심한 대우를 받으며 태어났다. 매키와 이안슨은 잠을 자지 못하고 보초를 서면서 피곤한 밤들을 보냈다. 집에 있는 여인들도 길고 고통스러운 긴장의 시간들을 보냈을 것이다. 방금 생명이 태어났는데 죽음이 그렇게 가까울 수도 있을까?

7월 12일에 경호원은 사라지고 그날 저녁 7시 경에 외국인 체포자들의 이름을 알기 위해 키 작은 공무원이 찾아 왔다.

그것은 보호하기 위한 목적이 아니었다. 불과 한 시간 후에 보병들과 300마리의 말이 그 집을 둘러쌌고 그들은 칼과 불로 파괴적인 작업을 시작했다.

이 야만적인 대학살의 시간에 예쁘고 어린 앨리스 매키는 도망쳐서 외양간에 숨었다. 그러나 이 사랑스러운 아이는 탈출할 수 없었다. 끔찍한 공포 속에서 밤이 지나고 아침이 왔을 때 잔인한 적들에게 들키고 말았다. 앨리스는 부모와 남동생 아기가 잔인하게 죽임을 당한대로 자기도 죽어 천국에서 사랑하는 가족들을 만날 수 있게 되었다.

수도 타이위앤에서 대학살이 있은 지 채 사흘이 지나지 않아 도시에 있던 모든 외국인들이 죽임을 당했다. 외국인뿐이 아니라 동시에 32명이 넘는 현지 성도들도 순교를 당했다. 그리하여 우리의 사랑하는 친구들은 진정한 의미에서 '자기들의 추숫단을 거두어 들고' 주님 앞으로 갔다. 그래서 아마도 그들은 크게 기뻤을 것이다.

이 지역 교회에 관한 최근의 소식은 핍박으로 흩어졌던 남아 있는 성도들이 다시 힘을 결집하여 공적 예배 처소를 빌렸다는데 그곳은 오래 전에 한 선교사가 그들을 방문할 때 사용했던 장소였다. 2명의 신실한 중국인 집사가 그곳으로 파송될 때 미들튼과 벨처가 그 집사들을 따라가 극한 고통 가운데 있는 성도들을 돕고 위로하였다.

1900년 7월 12일 타퉁의 순교자들 :

선교사들

　　Stewart McKee (스튜어트 매키)

　　Florence E. I'Anson (플로렌스 이안슨)

　　Kate McKee (케이트 매키)

　　Margaret E. Smity (마카렛 스미스)

　　Chas. I'Anson (카스 이안슨)

　　Maria Aspden (마리아 애스프덴)

어린이들

　　Alice McKee (앨리스 매키)

　　Arthur K. I'Anson (아더 이안슨)

　　Baby McKee (아기 매키)

　　Eva Marion I'Anson (에바 마리온 이안슨)

　　Dora I'Anson(도라 이안슨)

친구들의 증언:

스튜어트 매키(Stewart Mckee) 부부

ℂ 1882년 여름은 글라스고우 전 도시에 특별한 축복이 있었던 시기였다. 하나님께서는 한 집회에 천국문을 열고 축복을 부어 주셨다. 그 여름에 그곳에서 그리스도께 헌신했던 사람들 가운데 몇 사람은 열정적으로 복음을 전하는 설교자가 되었고 한 명은 이미 그 열정적인 삶 때문에 천국에 갔다.

당시 선로의 경비였던 스튜어트 매키는 계속 예배에 참석할 것을 권유받았지만 처음에는 단도직입적으로 거절하다 '딱 한 번만' 와 보라는 권유를 따랐던 날, 하나님께 자신의 전 생애를 드리는 메시지를 받게 되었다.

그는 즉시 주위 사람들에게 전도자 역할을 하여 그 여름이 지나가기도 전에 10~12명의 직장 동료들을 주 예수께로 인도했다. 약 3년 동안, 그는 아무리 비천한 일일지라도 새로운 주인이신 주님을 위해서라면 기꺼이 무엇이라도 할 준비가 되어 있었고, 마음속에는 중국에 복음을 전하고자 하는 열망이 솟아 올랐다. 그 열망이 너무 강해서 만약 선교회가 그를 파송하지 않는다면 혼자라도 중국에 가서 선교할 수 있는 길을 찾아볼 것이었다. 하나님께서 그런 그에게 문을 열어주셔서 1885년에 중국내지선교회(CIM)와 연결되어 글라스고우의 첫 선교팀 일원으로 중국에 가게 되었다.

동일한 은혜의 시기인 1882년 여름, 케이트 맥워터스는 성 죠지 교회 근처에 있는 성경공부 모임에서 구세주를 영접하고 자신의 삶을 그 장막 교회의 사역자들과 함께 하기로 결정했다. 그녀는 매키 형제가 부름 받은 선교지에 깊은 관심을 가졌으며 2, 3년 후에는 그의 뒤를 따라 중국으로 갔다. 그리고 수습 기간이 지난 후 그들은 결혼했다. 처음에 그들의 사역은 중국 중부에서 시작되었다.

스튜어트 매키 부부와 앨리스

그러나 그 지역이 그들의 건강 상태에 적합하지 않아 산시성 최북단에 있는 타퉁부로 옮겨 가게 되었다. 1892년에 고국에서 잠시 동안의 휴식을 취한 것을 제외하면 그들은 10년간 그 도시에서 사역했다.

그들은 현지인이든 선교사들이든 사람들에게 진정한 축복이 되었다. 그들 부부는 열정적이고 헌신적이었으며 오직 하나님의 영광과 선교지 사람들의 유익만을 위하는 순수한 목적을 지니고 있었다. 그들의 사역은 특별히 어려웠고 여러 가지 면에서 정말 고통스러운 것이었다. 사역지가 완전히 고립된 지역이었지만, 그들은 그것을 조금도 시련으로 여기지 않았다.

하나님께서는 그들을 그냥 내버려 두시지 않고 그들의 수고에 귀한 열매를 주셨다. 그가 마지막으로 쓴 몇 통의 편지에는 1900년 2월에 있었던 새해 집회에서 회심한 몇몇 사람들이 쓴 간증들이 10편 정도 실려 있는데 매우 흥미롭고도 지적인 내용들이었다.

그들의 마지막 편지가 도착한 것은 1900년 5월 9일이었는데, 그 후 친구들은 무려 8달 동안이나 그들에 관해서 아무 소식도 듣지 못했다.

그러다가 이제 한 신실한 성도가 해안으로 소식을 전했는데, 7월 두 번째 주에 타퉁부에 있는 선교관들이 약탈당하고 불에 타버렸다고 했다. 우리의 사랑하는 친구들과 그들의 사랑스러운 딸 앨리스, 갓 태어난 아기, 네 명의 선교사들과 세 명의 아이들이 칼로 살해당했으며 그들의 몸은 불타고 있는 집의 화염 속에 던져졌다는 것이었다.

그들을 사랑하던 사람들은 이 땅에서 그들의 얼굴을 다시 볼 수 없다는 사실이 슬프지만 그들이 단지 '육체로만 떠나 있고', '주와 함께 거하는' 훨씬 더 좋은 상태에 있다는 사실을 알고 기뻐할 것이다.

'그들은 모든 수고를 그치고 안식하고' 있다. 그들이 그랬던 것처럼, 그리스도를 따르는 우리도 그러할 것이다. 이 땅에서의 마지막 날이 다가왔을 때, 우리의 새로운 주소가 어디일지 우리는 한 치 의심도 없다.

핀들레이 (D. J. Findlay)

𝛔 어느 주일 아침 매키는 알 수 없는 힘에 이끌려 준비했던 설교 대신에 마태복음 11장 28절 "수고하고 무거운 짐 진 자들아. 다 내게로 오라 내가 너희를 쉬게 하리니"라는 말씀을 전했다. 당시에 그는 왜 그 본문에 부담을 느꼈는지 몰랐는데 그 날 저녁에 그 이유를 알게 되었다.

예배당의 불을 밝히러 가는 길에 그는 한 아편 환자가 어둠 속에서 "오 하나님! 저에게 이 안식을 허락해 주세요."라고 간구하는 소리를 들었다. 매키는 그가 홀로 하나님과 있도록 내버려 두었다. 다음 날인 월요일 저녁에 이 간절한 탄원자가 동일한 장소에서 동일한 목소리로 "오 하나님! 저에게 이 안식을 허락해 주세요."라고 기도하는 소리가 들렸다. 화요일 아침 매키가 아편 환자에게 약을 주기 위해 갔을 때 그 남자는 "목사님, 이제 저는 약도 필요 없고 다른 어떤 것도 필요하지 않습니다. 목사님이 설교하셨던 그 안식을 주님께서 제 마음에 주셨습니다. 하나님을 찬양합니다!"라고 말했다.

배라클로우 (M. E. Barraclough)

이안슨(Charles I'Anson) 부부

이안슨 부부와 도라와 아더

    사랑하는 형 고 찰스 이안슨(Mr. Charles I'Anson)은 마일드메이에 있는 컨퍼런스 홀의 야간 성경 공부 모임에 참석하자는 친구의 권유를 받았다. 그곳에서 그는 주님께 자신을 맡겼으며 사랑하는 주님의 제자로서의 의무를 즉시 받아들였다. 네덜란드의 '누더기 선교회(Ragged School Mission)'에 소속되어 사역할 때 그는 중국으로 부르심을 받았다.

그는 탁월한 사역자였다. 한 가지 일을 하면 그것이 끝날 때까지 집중하는 진실하고 조용한 사람이었다. 말 수가 많지 않았지만, 평화스럽고 흠이 없는 생활을 하는 사람이었다. 간교함이 없는 사람으로 그의 오직 한 가지 목표는 하나님의 영광과 영혼 구원이었다.

그는 온 마음으로 중국에서의 사역에 집중하고 있었으며 하나님의 사역을 하다가 죽을 것이라는 생각보다 그를 더 기쁘게 해주는 일은 없었다.

가족들은 그의 수고를 통하여 주님께서 '그 영혼의 수고한 것을 보시고' 만족하시기를 구하는 기도를 드렸다.

로버트 이안슨(Robt E. I'Anson)

80 할리 대학 출신 찰즈 이안슨은 8명의 젊은이들과 함께 1887년 11월 3일 중국을 향해 떠났다. 우리는 기도의 응답으로 그 해 중국에 헌신하게 된 100명의 선교사 무리에 속해 있었다. 난징에 있는 선교훈련원에서 4달을 지낸 후, 우리는 치히에 있는 바오딩부까지 함께 여행했다.

거기서 우리는 몇 년간 헤어져 있게 되었는데, 그는 산시성의 북쪽에 있는 타퉁부로 가고 나는 같은 성의 타이위앤으로 갔다. 몇 년 후 우리가 핑야오로 갈 무렵 그가 샤오이의 사역을 책임지는 자리로 부름을 받아 우리는 다시 밀접한 관계를 맺게 되었다. 그는 핑야오에서 열렸던 중국인들의 회의에도 참석했으며 우리는 여러 번 그를 우리 집에 손님으로 모셨다.

온화하고 유쾌한 성품 덕분에 선교사들이나 현지인들이 모두 그를 좋아했다. 그는 언제나 하나님과 말씀에 신실했으며 인간의 감성에 쉽게 지배

당하지 않았다. 현지 성도들의 문제에 대해서는 언제나 그들 편에서 최선의 유익을 구했으며 친절하지만 확고한 그의 태도로 인해서 사람들은 그를 신임했다.

샤오이의 아편중독 회복 사역은 이안슨이 시작한 것으로 열매가 많았으며 나중에는 횟처치와 시어럴이 책임을 맡았다. 샤오이 사역은 이안슨 덕분에 크게 강화되었지만, 그는 늘 타퉁을 그리워했다. 그래서 그는 아이들과 함께 잠깐 동안 휴가를 보내고 나서 스튜어트 매키 부부와 함께 일하려고 타퉁으로 갔다.

주님께서는 그 지역에서 종들의 수고에 풍성하게 상을 주셔서 많은 성도가 교회에 들어오게 되었다. 그리고 그들 가운데 적지 않은 숫자가 최근에 일어난 핍박에 피로써 신앙을 증명했다.

손더즈(A. R. Saunders)

마가렛 엘리자베스 스미스 (M. E. Smith)

80 마가렛 엘리자베스 스미스(Margaret Elizabeth Smith)는 캐나다에서 네 딸 중 하나로 1858년에 태어났다. 스미스는 캐나다 농부의 딸들이 받는 평범한 교육을 받았지만 부모가 매우 교양 있는 사람들이어서 그런 환경 속에 있는 다른 사람들이라면 받을 수 없는 문화적 소양을 쌓을 수 있었다. 부모님이 매우 경건하여 영아기 때부터 영적인 영향이 깊었음에도 스미스는 23세가 되어서야 주님을 영접했다.

성령께서 아나니아와 삽비라의 이야기를 통해 몇 주 동안 힘겨운 갈등을 겪도록 하신 후, 마침내 어느 날 주님의 발 앞에 굴복하도록 이끄신 것이었다. 1890년 10월, 언니인 애니(Annie)가 중국내지선교회에 자원하여 1년 후 중국으로 떠났다. 언니의 선교사 헌신은 마가렛에게 큰 감동을 주었다. 그 후 1년 정도 지나 언니가 중국에서 열병으로 죽자, 더 이상 지체하지 않고 기꺼이 언니의 몫까지 대신하여 헌신하고자 했다. 여동생도 선교사로 자원했지만 질병 때문에 중국으로 가지 못했다.

시카고에 있는 엠마 드라이어 학교에서 성경공부 훈련을 받고, 토론토에서 성공회 여전도사로 사역하다가 1896년이 되어서야 중국으로 갔다. 스미스의 사역지는 북 산시의 타퉁으로 제시 톰슨(Jessie Thompson)과 함께 가게 되었고 그곳에서 책임자였던 매키 부부도 알게 되었다. 그들 사이에는 성숙하고 거룩한 우정이 생겨났으며 주 안에서 하던 교제는 큰 축복이었다.

제시 톰슨은 훈련된 간호사로서 의료 사역에 관심이 많았고 스미스는 영적인 사역에서 신실하게 톰슨을 도왔다. 그러나 그렇게 형성되고 지속되었던 우정은 이 땅에서는 계속될 수가 없었다. 톰슨이 1899년 10월에 갑자기 병에 걸려 그 달 7일에 영원한 상급이 있는 곳으로 떠났기 때문이었다.

스미스는 이 갑작스러운 불행을 이제껏 겪었던 다른 어떤 고통보다 더 민감하게 느꼈으며 고국의 친구들에게 보내는 편지에도 자신의 슬픔을 거듭 표현했다. 그러나 그러한 슬픔과 외로움에도 불구하고 선교 사역에서 떠나는 것에 대해서는 생각해 본 적이 없었다. 대신에 하나님을 기다림으로 새로운 용기와 헌신으로 무장하였으며 자신의 얼굴을 미래를 향해 고정시킬 수 있었다. 그 안에 있던 오직 한 가지 생각은 영혼들을 구원해 귀하신 주님의 이름을 영광스럽게 하는 일뿐이었다.

앞에서 언급했던 편지들은 그녀에게 받은 마지막 편지들이었다. 행복하고 의미 있는 사역으로 평화스러운 날들이 계속되었다. 그런데 갑자기 성의 남쪽뿐 아니라 북쪽으로 반외국인, 광신적인 반기독교 운동이 폭발적으로 일어나 모든 것을 휩쓸어 가면서 마침내 타통까지 이르게 되었다. 피로 값 주고 사신 경건한 증인들 가운데 남은 자가 없었다. 이제 누가 스미스를 대신하여 그리스도의 증인이 될 것인가?

프로스트 (H. W. Frost)

마리아 애스프덴 (Miss Maria Aspden)

∾ 마리아 애스프덴은 프레스톤 태생으로 20년 이상 임마누엘 영아학교의 여교장이었다. 그녀는 늘 왕실 장학관에게서 매우 만족스러운 평가를 받을 정도로 그 일을 매우 성공적으로 수행했다.

그녀는 1884년에 회심했는데, 교사들 가운데 한 사람이 교장의 삶 속에서 목격할 수 있었던 확실한 차이에 대해 다음과 같이 말했다.

"교장 선생님의 삶과 태도는 나와는 놀라울 정도로 달랐다. 나는 이렇게 행복한 차이를 만들 수 있는 그런 축복이 무엇인지를 간절히 알기 원했다. 그러나 그것을 아무에게도 말하지 않으면서 한 동안 지켜보기만 했다. 마침내 교회에서 2주 동안 전도 집회가 열려 그곳에 참석했다. 집회의 마지막 날 주일 저녁, 나는 후속 모임에 참석하기 위해 남아 있었으며 거기서 하나님의 아들을 믿는 자에게 베풀어 주시는 구원을 받아 들였다. 다음 날 아침 나는 주님을 영접하는 축복을 받게 되었다고 용기를 내어 교장에게 이야기했다. 그러자 나를 따로 데리고 나가 찬양과 기도를 해주고 매우 기뻐해 주었다. 그때로부터 우리는 예수 그리스도 안에서 연합되어 가장 가까운 친구가 되었다. 마리아의 세심하고 부드럽고 사랑 넘치는 보살핌 덕분에 나는 은혜 안에서 계속 자라갈 수 있었으며 구세주이신 예수 그리스도를 계속 알아갈 수 있었다. 그 향기로운 삶의 영향력은 결코 나에게서 사라지지 않을 것이다. 그녀는 내가 아는 사람들 가운데 가장 온전히 자신은 잊고 타인을 배려하는 사람이었으며 영혼을 그리스도께 인도하는 모든 기회를 잘 살피고 붙드는 그런 사람이었다."

마리아는 수년 동안 중국에 선교사로서 가기를 원했지만 부모님이 돌아가실 때까지 집에 머무르며 그분들을 돌봐야 했다. 후에 중국내지선교회에 허입이 되어 1891년 12월 24일 영국을 떠나 1892년 2월에 상하이에 도착했다. 산시에 있는 타퉁으로 배치되어 그곳에서 수년 동안 매키 부부, 배라클로우(Miss Barraclough), 그리고 톰슨과 함께 일했다. 언어를 배우는 속도가 매우 빨랐기 때문에 중국 사람들에게 쉽고 유창하게 말할 수 있었다. 마리아의 성품과 봉사에 대해서 타퉁에 있던 동료 배라클로우 양은 다음과 같이 증언하고 있다.

"1892년 가을 애스프덴 선교사와 나는 매키 부부와 함께 타퉁부로 갔다. 우리는 함께 중국어를 공부하며 중국 여인들 가운데서 사역을 시작했다. 중국 여인들을 모아 바느질 교실을 열었던 것을 기억한다. 그들이 일을 하는 동안 우리는 그들에게 십계명과 성경 본문들과 찬송가를 가르치려고 애를 썼다. 그런데 성령께서 한 귀한 여인에게 죄를 깨닫도록 하셨다. 하나님께서는 마리아를 사용하셔서 이 영혼에게 평화의 말씀을 주셨다. 어머니들은 자기 아이들에 대한 그녀의 사랑을 보고 모든 편견을 버렸다. 아이들은 거리에서 마리아를 만나면 달려가 팔을 내밀었다. 여성들을 위한 교실을 열었고 마을도 방문했는데, 어디를 가든지 여성들에게서 사랑을 받았다. 아편 환자들이 아주 부정적인 기분에 빠질 때면 그들과 함께 있으면서 기도해 줄 뿐만 아니라 웃게도 만들고 잠시나마 비참한 처지를 잊게 만드는 밝고 재미있는 말들을 해주었다. 특별히 주일 아침에 우리가 함께 고국의 친구들과 사역을 위해 기도하며 보내던 시간들은 정말 값진 것이었다."

1898년 12월 15일, 잠시 동안의 휴가를 끝내고 다시 중국에 와서 다음 해 봄에 타퉁의 동료들과 재회했다. 그 이후 이 땅에서 18개월을 더 헌신하다가 왕의 존전으로 옮겨갔다.

3

탈출한 선교사들이 겪였던 위험과 고난

고난과의 투쟁_오그렌 부인

·

많은 환난을 겪고_웨이

·

감옥에 갇히다_줄리어스 휴잇

고난과의 투쟁

오그렌 부인 (Mrs. Ogren)

"너희가 그리스도의 고난에 동참하는 것으로 인해 기뻐하라"

𝕓𝕠 산시 북쪽 지역에서 6년간의 사역을 끝내고 1899년 초여름에 융닝초우 시에 정착했는데, 그곳은 수도인 타이위앤에서 남서쪽으로 약 5일 걸리는 곳이었습니다. 전에 선교사가 그 도시를 방문한 적은 있었지만 그곳에 정착하여 일을 시작한 것은 우리가 처음이었습니다.

주민들은 성격이 담대하고 독립적이었지만, 말 수가 적었고 우리를 잘 대해 주었습니다. 그러나 오래 계속된 가뭄과 위협적인 기근 때문에 사람들은 불안하고 험악하게 바뀌었습니다. 관리는 비가 오기를 간절하게 열망한 나머지 사찰에서 열심히 기도를 드리다가 그래도 비가 오지 않자 하늘과 땅의 하나님께 어떻게 기도해야 하느냐고 남편에게 비밀리에 묻기도 했습니다.

1900년 5월에 산시의 남쪽에서 의화단 사건이 시작되었습니다. 그리고 6월 중순에 산둥 사투리를 쓰는 사람 두 명이 우리가 사는 도시에 들어왔습니다. 자기들을 상인이라고 소개했지만 파는 물건은 아무 것도 없었습니다. 이내 그들과 비슷한 수상한 사람들이 뒤따라 들어왔습니다. 바로 의화단이 온 것이었습니다!

두려움에 움츠려든 사람들 사이에 계속 소문이 퍼졌습니다. 의화단들이 불을 붙이는 단추(셀룰로이드)를 몸에 지니고 있으며 소녀들을 납치하여 '홍등회' 회원으로 만들고 있다는 것이었습니다. 외국 군인들이 수송차로 도착하여 접근하자 '하늘의 군사들'(사람들은 의화단을 그렇게 불렀습니다.)이 하늘로 날아 도망갔다는 터무니없는 이야기도 했습니다. 사람들이 의화단에 대해 가지고 있던 처음의 두려움과 의심은 곧 무한한 신뢰로 바뀌어 대부분 재빨리 의화단에 가입했습니다. 우리가 우물에 독을 넣는다는 악한 소문이 널리 퍼졌습니다. 이웃에 있는 우물의 물이 모두 붉게 변해 버린 것으로 보아 누군가 독을 넣은 것은 확실했습니다.

6월 5일에 휫처치와 씨어럴이 샤오이에서 살해당했다는 소식을 들었습니다. 지금까지 우리에게 친절했던 관리가 우리에게 이 도시에서 빠져나갈 방도를 찾아야 한다고 알려왔습니다. 우리는 이미 뜰의 후문으로 통하는 비밀 문을 만들어 필요시에 언제든 그 문으로 피신할 수 있도록 문을 회반죽으로 발라 놓은 상태였습니다. 얼마 동안 본부에서 돈을 받지 못했기 때문에 어느 날 자정이 넘은 시간에 관청에서 100원(15파운드)을 여행 경비로 빌렸습니다. 우리는 영수증을 주고, 관리에게 우리의 자산을 양도하여 도피할 준비를 끝냈습니다.

7월 13일 여명에 노새가 끄는 수레가 왔고, 우리는 말없이 수레에 올라타 한코우로 가는 긴 여행을 시작했습니다. 우리 앞에 무엇이 놓여 있는지는 오직 하나님만이 아시는 일이었습니다. 휴식과 안전이 있는 집이 얼마나 그리워지게 될지 그때는 아직 몰랐습니다.

우리가 갈 길은 둘 중 하나로 한 길은 바다 너머에 있는 옛 고국과 집으로 가는 것이고 다른 한 길은 하늘에 있는 더 좋은 집으로 가는 것이었습니다. 그런데 어느 길로 가게 될지는 아무도 몰랐습니다.

황허 강까지 왔는데 그곳 사람들은 공공연히 우리를 적대했습니다. 그 지역 관리의 엄격한 지시와 경호인의 도움이 아니었다면 보트를 빌리지 못했을 것입니다. 그 보트를 빌리는데 50원을 지불해야 했습니다. 관리는 우리에게 호의를 베풀려고 최선을 다했으나 사람들은 우리가 떠날 때 소리를 지르며 침을 뱉었습니다. 그러나 그 이름이 '기묘자, 모사, 전능하신 하나님'이신 분께서 우리를 도우셔서 원수들을 제어해 주셨습니다. 기근에 시달린 그 가난한 군중은 우리를 죽이려고 모두 곤봉으로 무장을 하고 있었습니다.

우리가 탄 조그만 보트가 급한 물살을 따라 아래로 휩쓸려 내려가는 바람에 배가 깨어지지는 않을까 두려움에 떨어야 했습니다. 물살이 어찌나 빠른지 강을 거슬러 올라갈 수는 없었습니다. 우리는 여행을 계속할 수 있는 충분한 돈이 없었기 때문에 그 친절한 관리에게 전갈을 보내 놓고 4일 동안을 지루하게 기다렸습니다. 드디어 전에도 돈을 주었던 친절한 서기관 첸이 돈을 가지고 나타났습니다. 우리는 하나님의 선하심을 찬양하며 다시 여행을 시작했습니다. 여러 어려움이 있었지만, 하나님의 선하심과 친절한 관리가 성심껏 써 준 추천서 덕분에 룽완찬이라는 곳에 안전하게 도착할 수 있었습니다.

그곳은 우리가 출발한 곳에서 350km 떨어져 있었고 우리의 목적지인 퉁구안으로 가는 중간 지점이었습니다. 이곳을 지나는 매우 위험한 급류 때문에 보트들을 강변 위로 끌어올려 5km 이상 끌고 가서 급류 아래에서 다시 띄워야 했습니다.

여기서 우리는 맥코넬과 영 선교사 일행이 살해당했다는 소식을 들었습니다. 아무리 좋은 추천서가 있어도 앞에 닥친 위험들을 뚫고 목적지까지 안전하게 갈 수 있다는 보장이 되지 못했던 것입니다.

우리가 잠깐 머물렀던 지역 인근에서 우리 친구인 융닝의 관리를 아는 80세가량의 노인을 만났습니다. 그는 그 관리와 잘 아는 사람이어서 친절하게도 강에서 약 60km 떨어져 있는 쉔시(Shen-si)의 자기 집에 우리를 숨겨 주겠다고 약속했습니다. 그런데 출발하기 전에 두 장교와 그 수하에 있는 군인 30여명이 나타나 우리는 매우 놀랐습니다. 그 사람들은 우리를 그 지방에서 몰아내라는 명령을 핑양부에서 받고 온 것이었습니다. 이전의 관리였던 그 노인이 그들에게 연회를 베풀어 주고 중재해 주어 우리가 괴로움을 당하지는 않았지만 얼마 안 되는 마지막 돈을 빼앗겼습니다. 전도자에게 맡겨 두었던 것인데 우리는 그 후로 그 전도자도 다시 만나지 못했습니다.

고통스러운 방랑이 시작되었습니다. 약속대로 전 관리였던 노인의 집을 향해 가는데 얼마 가지 않아 앞에 있는 바위지대에 사람들이 잠복해 있는 것이 보였습니다. 많이 놀라면서도 홍해에서의 이스라엘 백성처럼 앞으로 나갈 수밖에 없었습니다. 한 편에는 암석이 많은 가파른 산맥이 있었고 다른 한 편에는 흙탕물이 급하게 흐르고 있었습니다. 뒤에도 수많은 원수들이 있었고 앞에도 원수들이 바위 뒤에 웅크리고 있는 상황이었습니다.

나는 노새를 타고 있었고 다른 노새에는 우리 물건들은 실었으며 남편은 어린 사무엘을 안고 뒤따라 걸어왔습니다.

바위지대에 이르자 괴한들이 튀어 나와서 무기를 휘두르며 멈추라고 소리를 질렀습니다. 그들은 300원을 요구했습니다. 나는 노새에서 내려 큰 칼을 휘두르고 있는 사람에게 다가갔습니다. 나는 그들에게 가진 것을 전부 줄 테니 우리에게 자비를 베풀어서 아기 물건들은 몇 가지 남겨 달라고 간청했습니다. 그는 다소 동정심을 느낀 것 같았습니다. 우리 물건을 약탈하다가 칼끝으로 아기 셔츠를 집어 주기도 했습니다. 있는 것을 전부 빼앗고 나서 칼을 가지고 있던 그 사람이 "죽여라!" 라고 외치자 그들은 이상한 몸짓으로 검을 날카롭게 갈기 시작했습니다. 우리는 마지막 시간이 왔고, 우리 몸은 곧 강물에 던져질 것이라고 생각하고 있었습니다. 그런데 우리가 자비를 구하자 살려 주었습니다.

이제 우리는 산시에서 얼마나 빨리 빠져 나오는가에 우리의 목숨이 달려 있다고 느꼈습니다. 그래서 쉔시로 가는 나루터를 건넜는데, 그것은 올바른 선택이었습니다. 왜냐하면 이른 새벽 22명의 군사들이 우리를 체포하라는 명령을 받고 왔으나 이미 우리는 그들의 세력권을 벗어나 있었기 때문입니다. 우리가 쉔시 쪽에 있는 나루터에 내렸을 때, 날은 어두웠고 비가 내리고 있어 비를 피할 곳이 필요했습니다. 뱃사공들은 보상을 하겠다는 약속을 듣고 나서야 검고 연기 나는 동굴을 함께 사용하게 해 주었습니다. 여기서 우리는 옛 관리였던 노인이 우리의 간절한 요청대로 도움의 손길을 베풀어 주기를 기다리며 나흘이라는 긴 시간을 보냈습니다. 나흘째 되는 날 어떤 사람이 와서 돈을 조금 주었지만 뱃사공들은 그 모든 것을 다 뺏고서야 우리가 떠나도록 허락했습니다.

이제 우리는 노인이 약속한 피난처로 가기 위해 험악한 산맥을 가로질러 터벅터벅 걷기 시작했습니다. 뜨거운 열기 때문에 목이 너무 마르고 기진맥진하여 자주 길가에 주저앉곤 했습니다. 출발한 지 이틀째 되는 날에 약속된 피난처가 있는 농장에 도착했습니다. 그러나 거기 거주하는 소작인의 부인은 우리에게 음식을 주려고 하지 않았습니다. 그저 가까스로 농장 뜰 밖에 있는 동굴을 사용해도 좋다는 허락을 받을 수 있었습니다.

여기서도 강도를 만나 모든 것을 다 빼앗겨 버린 우리는 더 깊은 산 속으로 가서 동굴을 찾아 숨을 수밖에 없었습니다. 그러나 동굴이 너무 작아서 좀 더 많은 공간을 확보할 필요가 있었고 또 가축 치는 사람들에게서 우리를 가리는 칸막이도 필요해서 남편이 땅을 많이 파야 했습니다.

강도들은 피할 수 있었지만, 먹을 것 없이는 살 수 없었습니다. 우리가 가진 것이라고는 냉수와 생후 9개월 된 아기를 위한 소량의 밀가루뿐이었습니다. 배고픔에 못 이겨 우리는 동굴에서 기어 나와 농장으로 돌아갔습니다. 여자들은 다소 친절했지만, 남자들은 잔인했고 분노에 차 있었으며 우리를 거칠게 대했습니다.

나는 어느 정도 배고픔을 견딜 수 있었지만 남편과 아기가 배가 고파서 고통스러워하는 것을 보며 너무도 마음이 아팠습니다. 내가 그의 고통 때문에 비통해 하면 그는 "예수님을 위해서라면 이런 고통 정도는 아무 것도 아니라오." 라고 말했습니다. 굶주림과 궁핍 가운데서 그는 "이런 고난들을 통해서 교회가 새롭게 각성될 것이라는 사실이 나는 기뻐요. 순교자의 피로 밭에 물이 대어질 것이니 얼마나 그 수확이 크겠소?"라고 말했습니다. 그도 곧 가엾은 중국을 위해 피 흘린 순교자들의 무리에 동참하게 될 것이었습니다. 그는 씨 뿌린 자와 추수하는 자가 함께 기뻐하게 될 것이라는 확신으로 위로를 받았습니다.

소작인의 사위는 매우 악랄해 보였는데, 그에게 우리의 친구이자 전 관리였던 노인에게 가서 도움을 좀 받아 오게 하려고 협상을 시도했으나 허사였습니다. 이 야비한 젊은이는 의화단이 외국인의 머리 하나 당 100원을 내걸었다는 사실을 듣고는 칼을 들고 미친 사람처럼 고함을 지르며 우리에게 달려왔습니다. 그의 아내와 친척들이 말리지 않았다면 우리는 분명 죽었을 것입니다. 우리는 더 이상 그곳에 머물 수 없었습니다. 우리가 할 수 있는 최선은 전쟁이 곧 끝나기를 희망하면서 융닝으로 돌아가 우리의 사역을 계속하는 것이라고 생각했습니다.

우리는 산시 보다는 쉔시에 있는 것이 더 안전하다고 느꼈습니다. 그래서 북쪽에 있는 강을 건너서 비밀리에 융닝으로 들어가려고 했습니다. 그리고 우리를 돕기 위해서라면 틀림없이 무슨 일이든 다 해 줄 것 같은 그 관리에게 보호를 요청할 생각이었습니다. 나는 아직 외제 가위들을 가지고 있었는데, 우리의 승선 운임으로 그것들을 받아 주도록 뱃사공을 설득하려고 했습니다. 다음 날 아침 우리는 우리집이 있는 쪽을 바라보았습니다.

… 이 모든 고난을 겪으면서 안식이 있는 우리 집이 얼마나 그리웠는지 모릅니다. 앞으로 얼마나 더 길고 고생스러운 여정이 우리를 기다리고 있을지! 어디서 자야할지, 어디서 음식을 구해야 할지도 몰랐습니다. 돈도 없고 가진 것이라고는 오직 입고 있는 옷과 아기의 누비이불, 베게, 냄비, 아기 죽을 만들 수 있는 작은 밀가루 봉지, 그리고 내 가위뿐이었습니다.

그러나 "여우도 굴이 있고 공중의 새도 거처가 있으되 오직 인자는 머리 둘 곳이 없다."고 하셨던 그분은 우리를 위해 친히 가난하게 되셨습니다. 그리고 지금은 우리가 그분을 위해 가난하게 되었습니다. 그래도 그분은 우리를 버리지 않으셨습니다.

주님은 또 "목숨을 위하여 무엇을 먹을까 무엇을 마실까 몸을 위하여 무엇을 입을까 염려하지 말라. 목숨이 음식보다 중하지 아니하며 몸이 의복보다 중하지 아니하냐?"고 말씀하셨습니다. 바로 그런 주님을 온전히 의지하며 중국에 온 우리가 아닙니까?

스웨덴을 떠나기 전에 나는 "주님께서 나를 돌보아 주실 것이다. 그리고 만약 그렇지 않다고 해도 나는 기꺼이 굶다가 죽어서 천국으로 갈 것이다."라고 한 적이 있습니다. 그분께서 지금 나의 그 말을 그대로 이루시려고 하는 것인지, 아니면 그저 시험을 하는 것인지? 어느 쪽이든, 나를 위해서 죽으신 예수님을 위해서라면 굶어 죽는 일은 쉬운 일이었습니다.

"내 멍에는 쉽고 내 짐은 가벼움이라."는 말씀은 진리였습니다.

우리가 농장에서 출발할 때, 사람들은 소작인의 사위를 붙잡고 있어야 했습니다. 그는 미친 사람처럼 분노하며 우리를 공격하려고 했습니다.

우리는 큰 도로를 피해 샛길을 따라 걸었습니다. 때로는 가파른 산 중턱을 손과 발로 기어오르기도 했는데, 그때 만난 사람들은 우리에게 친절하게 대해 주었습니다. 우리는 적어도 하루에 한번은 누군가 음식을 주어서 먹었고 밤에는 누군가 잠잘 곳을 제공해 주었습니다.

사흘 째 되는 날은 훼이라는 큰 강을 건너야 했습니다. 걸어서 건널 수 있는 장소가 있다고 들었지만 어디인지 찾을 수가 없었습니다. 그래서 막 되돌아가려는데, 마침 한 노인이 다가와서 그 길을 가르쳐 주었습니다.

물살이 어찌나 빠른지 물을 내려다보기만 해도 현기증이 났고 수심이 너무 깊어서 건너기가 어려웠습니다. 노인은 떠내려가지 않도록 내 손을 잡아 주었습니다. 나는 믿음으로 하나님을 바라보면서 "네가 물 가운데로 지날 때에 내가 함께 할 것이라. 강을 건널 때에 물이 너를 침몰치 못할 것이며" 라고 말씀하신 그분의 손을 잡았습니다. 강을 다 건너자 노인은 자기 마을로 가는 길을 가르쳐 주었습니다. 그렇게 하나님은 우리가 강을 건널 수 있도록 안내자를 주셨을 뿐 아니라 해가 지고 사막처럼 황량한 곳에서 잠잘 곳까지 주셨습니다.

우리는 매우 쇠약해져 있었으므로 제방을 기어올라 마을까지 가기가 매우 힘들었습니다. 사람들은 우리를 매우 친절하게 맞아 주었습니다. 다음 날이 주일이었기 때문에 우리는 그곳에 머물기로 결정했습니다.

다시 길을 떠나 하루 종일 지치도록 여행한 후, 해질 무렵에 갑자기 좁은 골짜기 밖으로 나오게 되었습니다. 큰 마을이 가까이 보였고 입구에 깃발이 펄럭이고 있었습니다. 이미 사람들의 눈에 띄었기 때문에 되돌아 가도 소용이 없었습니다. 그래서 무슨 일이 일어나든지 간에 그 마을을 통과하여 계속 가기로 결단했습니다. 많은 사람들이 모여 들었으며 그들은 악마적인 기쁨으로 소리를 지르며 우리를 야비하게 희롱했습니다.

그 마을을 거의 다 지나왔을 무렵 그만 뒤따라오던 험상궂은 악한들에게 붙잡히고 말았습니다. 이 사람들은 세관 사무실에 고용된 사람들이었는데 우리를 사찰로 데리고 갔습니다. 거기서 우리는 금방 무너질 것 같은 감옥에 밤새 갇혀 있었습니다. 다음 날 아침에는 두 사람이 우리를 그 도에서 추방하기 위하여 데리고 갔습니다. 두 사람 가운데 좀 더 젊은 사람은 악한 얼굴에 무기는 소지하고 있지 않은 불량배였고, 훨씬 더 악랄해 보이는 나이든 사람은 사람들 눈에 잘 띄도록 칼을 들고 있었습니다. 얼마 남지 않은 소지품들도 전부 빼앗겼습니다. 그들은 사무엘의 베게 속까지 살펴보고는 깃털들을 무자비하게 태워버렸습니다. 그 중 한 사람이 내 성경을 압수했습니다. 그러나 내가 거룩한 책은 결코 빼앗길 수 없다고 강력하게 선포하자 살인자의 칼을 가진 이 악한의 마음마저도 움직인 것 같았습니다. 그는 성경 몇 장을 넘겨 본 후에 망설이다가 다시 나에게 건네주었습니다.

이 사람들은 우리를 데리고 산 속의 거칠고 황량한 골짜기를 지나갔습니다. 한번은 깊은 구덩이같이 보이는 협곡으로 우리를 데리고 가더니 앉아서 쉬라고 말했습니다. 그러나 그들이 어떤 악한 짓을 할지 몰라서 우리는 쉬기를 거절했습니다. 그 후에 그들은 언덕 꼭대기로 우리를 데리고 가서 거기서도 앉으라고 명령했지만 우리는 그렇게 하지 않았습니다. 밤에 우리는 얇은 옷만 입은 채 사찰 바닥의 차가운 돌 위에서 잤습니다. 아침햇살이 너무나 반가웠습니다. 걸으면 몸이 조금은 더 따뜻해지지 않을까 하는 기대 때문이었습니다.

우리는 황허 강 가까운 곳을 지나고 있었습니다. 우리를 풀어 달라고 간청했지만 그들은 의화단의 보상을 확신하며 거절했습니다. 우리를 호송하는 사람들은 우리를 무료로 배에 태우도록 뱃사공을 협박했습니다. 강 건너편 집에 붉은 등이 걸려 있는 것을 보니 의화단이 점거한 곳이었습니다.

마침내 의화단의 손에 붙잡힌 것이었습니다. 그들은 우리를 해치지 않았습니다. 그러나 남편을 '붉은 등'이 걸려 있는 상점으로 데리고 갔습니다.

사람들이 나와 사무엘 주위로 몰려들었습니다. 한 사람이 머리를 한 쪽으로 치켜 올리고 조소하는 웃음을 지으며 "타닝 선교사들은 천국으로 돌아갔어."라고 말했습니다. 그래서 나는 그 여선교사들이 거기에서 죽음을 당했다는 사실을 알게 되었습니다.

* * *

의화단 운동은 중국의 많은 비밀 단체들과 결연을 맺고 있었지만 그 자체가 비밀한 조직은 아니었습니다. 그와는 반대로 정부의 인정과 보호를 받고 있었습니다. 의화단 교사들은 광범위한 지역을 다니며 새로운 의식들을 가르쳤습니다. 교사들이 갈 수 없는 곳에는 주문들을 인쇄한 전단을 배

포해서 그 종파는 점점 확장되어 갔습니다.

　누구든지 영의 도움을 구하는 사람은 먼저 자신이 서있을 만큼 충분히 큰 동그라미를 땅 위에 그렸습니다. 그리고 그 동그라미를 직선으로 이등분한 다음 가로질러 다른 짧은 선 세 줄을 그었습니다. 그런 후에 그는 그 선들 위에 서서 얼굴을 남동쪽으로 향하고 아주 귀한 손님에게 하듯 정중하게 절을 했습니다. 그리고 긴 주문을 암송했습니다. 이 의식을 영이 그를 사로잡아 땅에 쓰러뜨리고 마침내 기진맥진할 때까지 반복하곤 했습니다.

　몇 분이 지나 팔과 다리가 발작적으로 움직이기 시작하면 일어나 앉아서 자신의 넙적 다리와 몸을 손바닥으로 철썩철썩 때렸습니다. 그리고는 일어서서 숙련된 프로 권투 선수들처럼 손발을 빙글빙글 돌리며 힘 있게 움직였습니다. 그가 "칼, 칼"이라고 중얼거리기 시작하면 바로 칼을 주는데, 그러면 중국식 교련에서 하는 것처럼 그것을 빙글 빙글 돌렸습니다.

　이런 모든 과정 동안 계속 눈을 감고 있는데, 지도자가 그의 이마를 만지면 마치 잠에서 깨어나는 것처럼 눈을 떴습니다. 지원자는 초기에 주문을 수없이 반복하여 암송할 필요가 있습니다. 그런데 영이 그 사람을 떠나면 아주 기진맥진하게 됩니다.

　어떤 사람들은 좀 더 빨리 어떤 사람들은 좀 더 늦게 영매가 되는데, 빠른 사람들은 얼굴을 남동쪽으로 향하고 주문을 외우자마자 쓰러지거나 눈을 감지 않고도 광란 상태가 됩니다. 이 단계에 이르게 되면 그 사람은 외국에서 들어온 모든 것을 전멸시키라는 악령의 뜻을 온전하게 이룰 준비와

훈련이 된 의화단원으로 간주됩니다. 그들은 외국인에게 몸값을 받고 풀어 주는 일은 할 수가 없었고, 다만 성도들을 강탈하고 갈취하고 고문하는 일은 할 수는 있었습니다. 의화단원들 주위에는 그들을 보조하면서 돈을 벌기 원하는 전문 난폭자들과 무법자들이 수 없이 모여들었습니다. 우리를 이곳으로 데리고 온 사람들도 그런 사람들이었습니다.

의화단에는 8개의 파가 있었는데, 중국 흙점(종이 위에 아무렇게나 던진 한 줌의 흙 모양이나 선을 보고 치는 점 -역주)의 신비한 여덟 가지 색깔들을 따라 나뉘었고, 각 파는 하양, 빨강, 검정 등 각자의 독특한 색깔이 있었습니다. 이렇게 나누어진 그룹들을 이호투안, 즉 의화단(자원자들)이라고 했습니다. 단(團)은 중국어로 개개인으로 구성된 소그룹을 의미합니다.

이호췐('의화단원들'이라는 뜻)이라는 말은 영으로 지배되는 사람들의 손놀림 혹은 운동이라는 단어에서 기인한 말입니다. 췐, 즉 권(拳)은 주먹 혹은 주먹을 쓰는 행동을 의미합니다. 의화단원은 대부분 소년이었는데, 이는 그들이 성인들보다 더 영에 민감해서 영향을 받기가 쉽기 때문이었습니다. 아들을 의화단이라는 의로운 개혁 운동에 바치기만 하면 모든 재난에서 영원히 안전을 보장받을 것이라는 약속이 있었기 때문에 가난한 부모 중에는 아이를 의화단에 가입시킨 사람이 많았습니다.

사람들은 의화단원을 '하늘의 군사들'이라고 불렀는데, 그것은 그들이 영적 세계의 영의 지배를 받고 있었기 때문이었습니다. 산시에서는 외국 군사들이 공격하자마자 의화단원들이 하늘로 날아가 버려 총알을 맞지 않았다는 기록도 전해지고 있습니다. 또한 여자들로 구성된 '홍텅챠오' 라고 불리는 단체가 있었습니다. 이 '홍등회'의 회원들은 외국으로 날아가서 마음대로 집을 불태우고 사람의 머리를 잘라 버릴 수 있다는 소문이 나돌았습니다. 좀 더 지식이 있는 사람들은 이 운동이 오래 가지 못할 것이라고 하면서 기독교인들에게 잠시 숨어 있으면 다 괜찮아질 것이라고 조언했습니다.

다시 우리가 경험한 사건을 이야기 해야겠습니다. 상점에서 얼마 동안 시간을 보낸 후, 그들은 남편을 데리고 나갔습니다. 우리를 융닝에 있는 우리 집으로 돌아가게 해 주겠다는 것이었습니다. 그렇게 속이면서 우리를 북쪽이 아닌 동쪽으로 끌고 가고 있었습니다. 그곳에서 50km 떨어진 타닝 방향이었습니다. 그 날 저녁 우리는 의화단의 깃발들이 펄럭이고 있는 마을로 들어가게 되었는데, 거기서 동굴에 갇혔습니다.

나는 완전히 기진맥진했고 낮 동안의 열기와 눈부신 햇빛 때문에 눈이 붓고 아팠습니다. 그래서 그날 밤 나는 사는 것보다 죽는 것이 낫다는 생각까지 들었습니다. 다음 날 눈이 너무 부어서 앞이 보이지 않았지만, 해질 녘까지 걸어야 했습니다. 그날 우리는 타오챠오라는 마을에 도착했는데, 그곳은 의화단 수령의 본부가 있는 타닝에서 25km 떨어진 곳이었습니다.

우리가 의화단의 수령이 있는 사찰에 도착했을 때, "그 자를 데리고 들어오라."는 엄한 목소리가 들렸습니다. 남편은 많이 낙담한 듯 보였으나, 주님께서 나에게 주신 "두려워 말라, 내가 너와 함께 함이니라."는 말씀으로 격려를 받았습니다.

우리를 호송했던 청년은 남편을 데리고 들어갔습니다. 그는 돌아오면서 나를 바깥뜰로 데리고 갔는데, 나는 사무엘을 무릎에 안고 돌 위에 앉았습니다. 나는 남편이 신당에 있는 어떤 사람에게 변호하는 어조로 말하는 것을 들었습니다. 남편이 우리가 누구이며 어디에서 왔는가를 말하고 있는데, 누군가 날카로운 목소리로 남편의 말을 중단시켰습니다. 그리고 칼을 날카롭게 가는 소리가 들렸으며 누군가 고문을 당하는 것 같은 이상한 신음 소리가 들렸습니다.

그때의 나의 감정은 무어라 말로 표현할 수 없었습니다. 나는 남편의 고통을 줄여 주시고 그의 마음을 평안으로 채워 주시며 나도 자신의 운명을 두려움 없이 맞이할 수 있는 용기를 달라고 기도할 뿐이었습니다. 잠시 후에 변론하는 것 같은 어조의 남편 목소리가 들려 나는 매우 놀랐습니다. 곧 그의 말은 중단되었고 조금 전과 같은 신음 소리가 다시 들렸습니다. 그러고는 모든 것이 조용해졌습니다! 남편이 죽음을 당했고 나는 무력한 우리 아기와 홀로 남겨진 것이었습니다!

이제 날은 어두워졌고 감시인들은 모두 나를 떠났습니다. 나는 기어 나와서 산 속에 숨어야 한다는 생각이 들었습니다. 일어나 몇 발자국 걷기 시작했을 때 '불쌍한 남편을 혼자 남겨 두고 어떻게 갈 수 있단 말인가?' 하는 생각이 들었고, 나 자신이 수치스럽게 느껴졌습니다. 머지않아 우리를 여기로 데리고 온 사람들이 급히 사찰에서 나왔습니다. 그들은 "수령께서 오신다. 그분은 여자가 눈에 띄는 것을 참지 못하신다."라고 말하면서 나를 벽 뒤로 끌어 당겼습니다. 총을 쏘며 떠들어대는 소리가 들렸습니다. 추측하기로 군중들이 남편의 시신을 들고 사찰 뜰에서 나온 것 같았습니다.

그들이 나에게 다가왔는데, 나는 '이제 내 차례구나'라고 생각했습니다. 일어서고 싶었지만, 무력감이 덮쳐 와서 그렇게 할 수가 없었습니다. 어떤 사람이 내가 혼자 걸을 수 없는 것을 보고 내가 붙잡을 수 있도록 철 갈고리를 내밀었습니다. 그리고 내 손을 잡고 강가로 내려갔습니다.

약간 떨어진 곳에 강을 따라 많은 등불이 켜져 있는 것을 보았고 커다란 소음도 들었지만 나는 아무 것도 분명하게 볼 수 없었습니다. 한참 시간이 흐른 후에 어떤 사람들이 와서 남편이 도망쳤다고 말했습니다. 나는 그가 죽었다고 생각했기 때문에 도망갔다는 말이 이상하게 들렸습니다.

그들은 나를 다시 사찰로 데리고 갔습니다. 이전과 같은 이상한 신음 소리를 다시 들었는데, 그때서야 나는 그것이 의화단의 주문 가운데 한 부분인 것을 알게 되었습니다. 그들은 나에게 물 한 사발만 주고 다시 동굴에 가두어 버렸습니다. 동굴 안은 어두웠는데, 한 켠에 벽돌로 쌓은 무언가가 있었습니다. 다음 날 아침에 보니 그것은 관이었습니다. 우리는 무덤 안에서 잠을 잤던 것입니다. 아기는 저녁 식사로 물을 마시고 차가운 땅을 침대로 삼아야 했지만 잘 잤습니다. 그의 조그만 누비이불을 빼앗겼기 때문에 유일한 대안으로 내 겉옷을 벗어 덮어 주었습니다.

다음 날 아침 늦은 시간에야 누군가 우리에게 가까이 왔는데, 그 사람은 밥과 죽을 조금 가져다주었습니다. 내가 그 빈약한 아침 식사를 먹고 있는데 감시인 두 사람이 와서 서둘러 나를 데리고 나갔습니다.

어느 정도 거리까지 나를 데리고 가서는 갑자기 "얼른 가서 숨어요. 대장이 오고 있어요"라고 소리쳤습니다.

내가 숨으려고 달리는데, 그들 중 한 사람이 "홍, 정말 대장이로구먼!" 하고 말하는 소리가 들렸습니다. 또 "그래, 대장이라고 해 보아야 다른 사람과 매 한가지이지!"라고 다른 한 사람이 매우 화난 목소리로 말했습니다.

나는 의화단의 수령이 지나가고 있는 것으로 짐작했습니다. 내가 숨어 있던 곳에서 일어나서 살펴보니, 감시인 두 명이 사라지고 없었습니다.

그래서 나는 사무엘과 함께 홀로 남겨졌습니다. 그러나 홀로 남겨진 것이 아니었습니다. 오, 아니야! 어제 주님께서 분명히 나에게 "두려워 말라, 내가 너와 함께 함이니라." 라고 말씀하시지 않았던가?

그래, 참으로 '기묘자, 모사, 전능하신 하나님, 영존하시는 아버지, 평강의 왕'이신 그분의 임재하심이 나와 함께 하셨습니다. 나는 한쪽 눈 밖에 볼 수 없었지만 '여호와의 눈은 온 땅을 두루 감찰하사 전심으로 자기를 향하는 자를 위하여 능력을 베푸시나니'라고 하신 그분의 인도를 받고 있었습니다.

이제 나의 목적은 피트와 다른 선교사들이 감옥에 갇혀 있는 타닝으로 가는 것이었습니다. 왜냐하면 이 끔찍스러운 자유보다는 감옥에서라도 친구들과 함께 있는 것이 더 낫기 때문이었습니다. 어떤 때는 의화단원들이 나를 금방이라도 죽이려는 시늉을 했으며 또 어떤 때는 여인들이 다가와 먹을 것을 주었습니다. 밤이 되어 갈 무렵 나는 강 건너 마을에 믿는 이들이 있다는 소리를 들었습니다. 그 소식을 듣고 너무 기뻐서 당장 강을 건너

가려고 했습니다. 그래서 강 건너 편에서 물을 긷고 있는 남자를 불러서 걸어서 강을 건널 수 있는 지점이 어디냐고 물었습니다. 그는 왼편을 가리키더니 다른 쪽으로 가버렸습니다.

수심이 얕은 곳을 찾기 전에 어두워져 버렸기 때문에 나는 '주님의 이름을' 의지하고 물을 건널 수밖에 없었습니다. 물속으로 발을 내디뎠는데 수심이 점점 깊어졌고 옷 때문에 빠른 물살 속에서 걷기가 매우 힘들어졌습니다. 맞은 편 강변에 거의 도착했을 바로 그때 나는 갑자기 깊은 물속으로 발이 빠지고 말았습니다. 하나님께 도움을 청하며 부르짖자 들고 있던 작은 꾸러미를 제방으로 던질 수 있었습니다. 그리고 물에 휩쓸려 떠내려가는데 강한 손길이 나를 들어 반석 위에 놓은 것 같은 느낌을 받았습니다. 비록 흠뻑 젖기는 했지만 안전한 것에 대해 하나님께 감사했습니다.

나는 곧 친구들과 함께 있게 되리라고 생각하며 스스로 위로했지만, 주변에는 원수들뿐이었습니다. 나의 상황을 말하고 먹을 것을 좀 달라고 간청했지만, 그들은 내가 과부가 되었다고 조롱할 뿐이었습니다. 그날 밤 나는 처음으로 노천에서 지냈습니다. 지금까지 벽이 없는 곳에서 지낸 경우는 있어도 지붕이 없는 곳에서 지낸 적은 없었습니다. 차갑게 빛나는 별들 아래서 우리를 불쌍히 여기는 사람은 아무도 없는 것 같았습니다.

나는 뼛속까지 스며드는 추위 속에 떨었고 어린 사무엘은 젖은 천으로 싸서 땅 위에 눕혔습니다. 어두워지고 한참 후에 두 사람이 와서 나를 동굴로 안내해 주었는데, 떠나면서 "하나님께서 당신을 축복해 주시기를 바랍니다."고 했습니다. 그들은 기독교인이었지만 의화단 때문에 나를 도울 수가 없었던 것입니다. 그리고 하나님께서 나를 축복하셔서 옷은 젖고 돌 베게는 딱딱했지만 그 날 깊이 잠들 수 있었습니다. 사무엘도 저녁 식사로 찬물을 조금 마셨을 뿐이었지만 잠을 잘 잤습니다.

아침에 일찍 일어나서 날이 밝기 전에 출발했습니다. 그렇지만 그렇게 조심을 했음에도 발각되어 의화단에게 체포되었습니다. 그런데 그 마을의 지도자격인 한 신사가 친절하게 개입해 주어 생명을 구할 수 있었습니다.
그는 나에게 음식과 양말을 주면서 "이 양말로 내 이름을 기억할 수 있을 겁니다."라고 말했습니다. 중국말로 그의 이름과 "양말"의 발음이 똑같았던 것입니다. 새로 알게 된 이 친구는 두 사람을 시켜 나를 호위하도록 했습니다. 의화단이 우리에게 가까이 다가오지 못하도록 하는 그들의 임무가 쉬운 일은 아니었지만 타닝의 관청까지 안전하게 갈 수 있었습니다.
나를 잡아갈 수 없게 되자 의화단들은 격분하여 발을 구르며 길길이 날뛰었습니다. 내가 일반 감옥에 들어가는 것에 그들은 분개했습니다. 피트 일행은 바로 이틀 전에 해안을 향해서 떠났다는 것이었습니다. 그것은 하나님께서 나를 위하여 그렇게 하신 것이었습니다. 그 일행은 모두 그 성을 빠져 나가기 전에 죽임을 당했습니다.

내가 갇힌 감옥은 관아 앞뜰에 있었습니다. 강한 철문이 작은 뜰 방향으로 열려 있었으며 둘로 나뉘어 있는 방은 맨 땅 바닥으로 매우 더러웠습니다. 문이 닫혀 있을 때는 벽 높은 곳에 있는 작은 구멍을 통해서 희미한

불빛이 들어왔습니다. 벽돌로 된 침대는 지붕까지 닿는 창살로 둘려 있었습니다. 아마도 가장 낮은 부류의 범죄자들을 가두기 위한 장소처럼 보였습니다. 감옥의 바깥 큰 문 가운데 뚫려 있는 구멍을 통해서 빵 조금, 수박 반쪽, 그리고 돈 50전을 받았습니다. 간수들은 나를 친절하게 대해 주었습니다.

오후에 문이 열리더니 아기를 데리고 나오라는 것이었습니다. 나는 마치 천둥번개를 맞는 것 같은 공포에 사로 잡혔습니다. 아침에 어떤 사람이 모든 외국 남자들은 죽이고 여자들은 본국으로 보내는데, 아기가 딸이라고 해야 한다고 조언해 주었습니다. 그러나 그들이 물었을 때 나는 아기가 아들이라고 말했습니다.

뜰로 나가자 나에게 무릎을 꿇으라고 명령했습니다. 나는 그것이 그를 숭배하는 것이 아니고 그저 겸손을 나타내는 태도로 알고 그 명령에 순종했습니다. 재판석에 세 명이 높이 앉아 있었는데 중앙에 앉은 관리가 남편과 나의 출신에 대해 엄중한 태도로 질문했습니다. 나는 나의 내력과 남편의 죽음에 대해서 말했습니다. 그는 남편이 죽지 않았다고 했습니다.

나는 그가 살인의 책임을 면하려는 의도라고 생각하며 그의 말을 믿지 않았습니다. 내가 나의 내력을 말하자 그는 연민을 느끼는 듯 좀 더 친절한 어조로 말하기 시작했습니다.

심문이 끝나자 나를 서기관의 부인에게 데려 갔습니다. 부인은 나의 남편을 찾아서 데리고 오는 사람에게 보상금을 주겠다는 제안을 했다고 말했습니다. 또 다른 관리의 부인이 나를 보고 싶어 한다는 전갈이 왔습니다.

그러나 그곳에 갔을 때, 그녀는 단지 100전을 나에게 던져 줄 뿐이었습니다. 그런 후 나는 감옥으로 다시 돌아와야 했습니다.

오, 내가 아빠가 없는 우리 아기와 함께 감옥에 앉아서 느꼈던 그 황량함과 쓸쓸함이란! 내 마음은 무거웠습니다. 그러나 눈이 끔찍하게 아팠기 때문에, 나의 비참함에 대하여 이런저런 생각을 할 여유도 거의 없었습니다. 낮 시간은 느리게 지나갔고, 해가 저물자 나는 땅 위에 매트를 깔아 침대를 만들었습니다. 해충이 득실거렸지만, 밤 기온이 제법 차가왔기 때문에 나는 안으로 들어가 좀 더 따뜻한 자리 위에 누웠습니다.

밤새 뒤척이다가 날이 밝기 시작하면서 살짝 잠이 들려는 순간 누군가가 내 이름을 부르는 것을 들었습니다. 나는 얼른 일어나 뜰로 달려 나가서 감옥에 그늘을 드리우고 있는 언덕을 올려다보았습니다. '사랑하는 그이가 아직 살아서 나를 부르는 것일까?' 라는 생각에 나의 가슴은 격렬하게 뛰었습니다. 다시 "올리비아! 오, 올리비아!"라고 부르는 소리가 들렸습니다.

너무나 그리웠던 그 부드러운 목소리! 그것은 감옥 문에 나있는 구멍에서 들리고 있었습니다. 죽은 줄만 알고 비통해 했던 남편이 거기 서 있었습니다. 나는 기쁨에 넘쳐 "오, 알프레드! 당신 정말 아직 살아 있는 거예요? 오, 주님, 감사합니다, 오, 하나님을 찬양합니다!" 라고 부르짖었습니다.

남편은 감정에 북받쳐 할 말을 잃고 그저 나를 바라볼 뿐이었습니다. 우리는 중간에 있는 문 때문에 서로 손을 잡을 수도 없었습니다. 남편의 행색이 얼마나 초라했던지! 목소리로 간신히 남편을 알아볼 수 있을 정도였습니다. 옷은 다 헤어져 누더기가 되어 있었고 머리에는 옷에서 찢어낸 헝겊들이 둘둘 감겨져 있었습니다.

그런데 그때 누군가가 남편을 감옥 문에서 멀리 떼어 놓았고, 관청 뜰에는 의화단원들이 분주히 오가기 시작했습니다. '남편이 다시 붙잡힌 것일까?' 이런 생각이 들자 나의 마음은 무너져 내렸습니다. 그러나 그렇지는 않았습니다. 관청 사람들이 그를 보살펴 주고 있었고, 관리가 그를 영접하려고 기다리고 있었습니다.

이내 감옥 문이 열리고 우리는 모두 함께 좀 더 나은 방으로 인도되었습니다. 그들은 남편의 상처를 씻을 물과 치료에 도움이 될 가루약을 가져다 주었습니다. 붕대가 없었으므로 나는 그의 모슬린 셔츠를 찢어 피를 씻어 냈습니다. 남편의 상태가 얼마나 기가 막혔는지! 머리 가죽은 크게 베어져 한쪽으로 헐렁하게 늘어져 있었고 귀 하나는 으깨어지고 퉁퉁 부어 있었습니다. 목에는 칼로 깊이 베인 상처가 두 군데나 있었으며 어깨 근처에도 창으로 찔린 상처들이 있었는데 하나는 매우 깊었습니다. 그의 등은 매를 맞아서 전체가 빨갛게 퉁퉁 부어 있었습니다.

나는 가능한 한 최선을 다해 정성껏 그 상처들을 씻고 돌보았습니다. 그리고 나는 밥을 짓고 양고기를 삶았습니다. 서기관의 부인도 고기 수프 한 사발을 주었습니다. 저녁 시간이 다가오자 우리는 매우 배가 고팠습니다.

좋은 음식으로 식사를 하고 나자 남편은 자신의 몸 상태가 매우 좋아졌다고 말하여 나를 매우 기쁘게 했습니다. 조용하게 잘 쉬면 상태가 빨리 호전될 수 있었겠지만 관청과 방이 모두 드려다 보이는 곳이었기 때문에 그것은 불가능한 일이었습니다. 사람들은 떼를 지어 우리를 보러 왔습니다. 그들이 아주 친절하고 동정적이었기 때문에 우리는 그들을 물리칠 마음이 없었으며 또 그런 시도조차 하지 않았습니다.

주변이 조용해졌을 때 남편이 겪었던 이야기를 해 주었습니다.

"타오챠오에서 사찰로 끌려갔는데, 의화단의 수령이 나의 무릎을 꿇리고는 나에게 얼마나 많은 사람들을 그릇 인도하고 파멸시켰느냐고 물었어요. 나는 평생 어느 누구도 결단코 해친 일이 없다고 했지요. 그는 내 말을 들으려고 하지 않고 내 손을 등 뒤로 해서 판목에 묶어 버리더군요.

사람들이 모두 나를 발로 차고 때리기 시작하는데, 전에 우리를 호송하던 사람도 가담하더군요. 그 사람들이 예수님께 얼마나 끔찍한 저주를 퍼부어대든지 그 무시무시한 말에 내가 몸이 다 떨리더군요. 물 좀 마시게 해 달라고 했더니 '너의 예수에게나 달라고 하라.'는 거예요.

살 수 있는 모든 소망이 없어진 것 같아서, 나는 죽기 전에 아내를 만나게 해 달라고 부탁했지요. 그들은 '너의 예수에게 네 마누라를 볼 수 있을지 없을지 물어 봐라.'고 하면서 잔인하게 머리를 발로 찼습니다.

그렇게 오랜 세월동안 나를 격려해 주었던 당신의 사랑스러운 얼굴을 한 번 더 보지 못하고 죽는다고 생각하니 너무 괴로워서 슬피 울었답니다.

내가 판목에 묶여 누워 있는데, 그 사람들이 '지금 너의 예수에게 구해 달라고 해 봐.'라며 조롱했어요. 나는 '예수님, 저들이 무엇을 하고 있는지 자신들은 모르니 용서해 주소서. 그러나 주님의 이름이 영광을 받으시도록 당신의 크신 능력을 보여 주소서!'라고 열렬하게 기도하기 시작했습니다.

조금 후에 그들은 나를 판목에서 풀더니 자기들이 말한 대로 나를 죽이기 위해 강가로 끌고 갔어요. 내 손은 여전히 등 뒤로 묶여 있었는데, 강에 다다르자 나에게 무릎을 꿇도록 강요했고 사방에서 나를 덮쳤어요. 그들은 무기를 휘두르면서도 나를 단번에 죽이지는 않았어요.

피를 많이 흘려서 어지럽고 힘이 없었는데도 나는 매우 행복했어요! 전에 느껴 보지 못했던 주님의 임재하심이 감미롭게 나를 채우는 거예요. 살을 베고 찌르고 하는 일이 아무 것도 아닌 것처럼 고통이 느껴지지 않더군요. 내적인 환상으로 천국이 열리는 것 같았고 한 걸음만 가면 거기에 들어갈 것으로 생각되었어요. 나는 구원 받기를 간절히 소원했답니다.

그런데 갑자기 당신과 사무엘 생각이 번개처럼 떠오르는 거예요. 당신이 아직 살아 있는지 죽었는지도 모르고 있었고, '왜 함께 죽으면 안 되는가'하는 생각이 들어서 나는 돌연 무리들 가운데서 빠져 나와 물속으로 뛰어 들었지요.

의화단원들과 그 일당 3, 40명이 나를 둘러싸고 있었는데, 그 중 두 명이 나를 쫓기 시작했지만, 그들은 깊은 물을 두려워했지요. 다른 사람들은 '괜찮아! 그놈은 물에 빠져 죽을 거야' 라고 소리를 질렀어요.

나는 안간힘을 써서 강 건너 편으로 빠져 나왔지요. 그리고 두 손이 등 뒤에 묶인 채 가파른 언덕을 달려 올라갔어요. 큰 소동이 있었지만 어두움이 나를 가려주어 그들의 손아귀를 벗어날 수 있었어요. 물속에서 신발을 잃어 버렸기 때문에 맨 발로 바위들을 넘으며 계속해서 달렸지요. 20여km 쯤 가서 내 손을 묶고 있는 끈을 닳아 없어질 때까지 돌에다 문질러 마침내 손을 풀어냈지요. 그리고 산꼭대기에 사는 기독교인 농부의 집에 들어갔답니다. 그들은 나에게 먹을 것도 주고 돈도 200전을 주었지만, 그 집에서 재우는 일은 너무 위험한 일이었어요. 그래서 나를 동굴로 안내해 주었지요. 한 사람이 친구 삼아 나와 함께 머물렀지만, 계속 거기에 머무르지 말고 아침 일찍 떠나야 한다고 했어요. 나는 떠날 수 있는 힘을 얻었기 때문에 우리 집이 있는 융닝을 향해 떠났어요. 낮 동안에는 동굴에 숨어 있었는데, 사람들이 무언가를 찾는 것처럼 이리 저리 뛰어다니는 거예요. (나중에 우리는 의화단원들이 남편의 머리를 가져 오면 큰 보상을 하겠다는 제안을 했었다는 사실을 알게 되었다.) 어두워진 후 융닝을 향해 출발했는데, 도중에 길을 잃어 헤매다 보니 다시 타닝이지 뭐예요. 여러 번 융닝으로 가는 길을 안내 받았는데도 항상 타닝으로 가는 동일한 길로 되돌아왔어요.

그런데 그러던 중에 당신이 여기 있다는 말을 듣고 가능하면 내 가족과 함께 감옥에 있을 수 있겠다는 생각이 들어 힘이 났답니다. 나는 관청 가장 가까이에 있는 동문 쪽으로 들어가면 의화단원들을 피하기가 좀 더 수월하다는 말을 들었지요. 그런데 내가 그렇게 조심을 했는데도 관청으로 가는 짧은 길에서 의화단원들이 나를 발견하고는 쫓기 시작했어요. 나는 필사적으로 달려서 관청에 이를 수 있었고 거기서 보호를 받을 수 있었지요."

나는 기쁨과 슬픔이 뒤섞인 감정으로 이 경이로운 구출 이야기를 들었습니다. 그리고 비록 감옥이지만 우리를 다시 모일 수 있게 해주신 하나님

을 함께 찬양했습니다. 이 감옥에 있는 동안 사람들이 우리를 방문하러 왔
는데, 우리를 대하는 태도로 보아 이 세상에 속한 사람들이 아닌 것을 알
수 있었습니다. 남편이 조심스럽게 물어보자, 자기들은 기독교인인데 너
무 심한 고문을 받고 또 다른 곳에서 너무 끔찍한 이야기를 많이 들어 자기
의 신앙을 부인했다고 했습니다. 그들의 마음은 아직도 하나님의 사람들을
가깝게 느끼고 있었고 즐겨 우리를 도왔습니다. 우리도 그들을 반갑게 대
하며 주님을 저버리지 말라고 권면했습니다.

우리들이 함께 알고 있던 추 목사님이 어떻게 시련을 견디었는가 하는
이야기를 들으면서 아주 큰 격려를 받았습니다. 의화단원들만 그의 목숨
을 노렸던 것은 아니었지요. 그들에게 닥친 모든 곤경을 목사의 탓으로 돌
렸던 변절한 기독교인들도 소수이기는 했지만, 목사님이 숨어 있는 곳에서
그를 감시하고 있었습니다. 그러나 추 목사님은 그들 모두를 피해 살아남
을 수 있었습니다.

우리가 다시 만난 날이 8월 28일이었는데, 8월 30일 아침에는 관청에
당나귀 두 마리가 도착했습니다. 관리들은 도시를 거쳐 우리를 해안까지
호송하려는 계획이었습니다. 그들이 당나귀 위에 거친 나무로 만든 안장만
놓고 쿠션이나 등자는 놓지 않는 바람에 안장이 너무 거칠고 딱딱했던 남
편은 당나귀를 타지 못하고 걸어야만 했습니다.

우리의 호송단은 장교와 그 수하에 있는 4명의 군사와 4명의 의화단원
들로 구성되었습니다. 이 여행에서 장교가 그 부하들을 통제하려고 애를

썼음에도 불구하고 그들은 우리를 매우 거칠게 대했습니다. 부상으로 아직 몸이 성치 않은 남편이 너무 거친 대우를 받아 마음이 매우 아팠습니다. 그러나 그는 자주 "예수님을 위해서라면 이런 고통쯤은 아무 것도 아니오."라며 나를 안심시켰습니다.

다음 날 우리는 첫 번째 도시인 푸시엔에 이르렀습니다. 관리들은 우리를 친절하게 영접했습니다. 우리에게 좋은 음식을 주었으며 사무엘을 위해 우유를 구해 주려고 애쓰기까지 했습니다. 현청이 있는 도시 핑양부에서는 관리들이 우리를 받아들이려고 하지 않았지만, 푸시엔 사람들은 매우 친절했습니다. 그들은 그 지역에는 의화단원들이 산 적이 없으니 거기에 남아 머물 수 있도록 관리에게 허가증을 요청하라고 조언해 주었습니다.

그러나 관리들을 다시 볼 수 없었기 때문에 그런 부탁을 할 기회가 없었습니다. 그래서 다음 날 아침에 타닝으로 돌아갈 수밖에 없었습니다.

돌아가는 여행은 매우 고통스러웠습니다. 사실상 호송인들은 우리를 버렸으며 우리는 굶주림으로 기진맥진했습니다.

마침내 타닝에 도착했는데, 새로운 시련이 우리를 기다리고 있었습니다. 어린 사무엘이 굶주림과 역경을 너무 많이 겪은 나머지 심하게 아팠습니다. 사흘째가 되자 사무엘은 너무 약해져서 울 힘조차 없는 것 같았습니다. 가엾고 무기력한 작은 몸이 회복되기는 거의 불가능한 것처럼 보였습니다. 그렇지만 간절히 하나님께 살려달라고 탄원했습니다.

관리는 우리에게 하루에 100전과 밥 한 그릇을 주었습니다. 어떤 사람이 우리에게 우유를 팔겠다고 해서 그 돈을 주고 우유 두 잔을 샀습니다. 그리고 밥 한 그릇으로 최선을 다해서 연명했습니다. 신선한 우유가 약보다 아기에게 더 좋았으므로 아기가 점점 더 건강해지는 것을 보고 우리는 하나님을 찬양했습니다.

우리는 고통이 끝나기를 소망했지만, 현실은 그렇지 않았습니다. 나의 다른 한쪽 눈도 붓기 시작했기 때문에 나는 밤낮으로 고통에 시달리며 무력하게 앉아 있을 수밖에 없었습니다. 가엾은 남편은 완전히 맥없이 쓰러졌으며 고열 때문에 정신 착란 상태에 빠졌습니다. 우리가 추적당하고 있다는 생각이 계속 남편을 따라다니며 괴롭혀서 그는 아기를 움켜잡고 필사적으로 도망가려고 했습니다. 남편을 내 힘으로 조용히 안정시키는 것이 불가능했기 때문에 나는 다른 죄수들에게 도와달라고 부탁할 수밖에 없었습니다. 우리는 관리가 주었던 낡은 침구를 그 고약한 자리 위에 깔고 그의 손을 묶고 그를 침대에 묶었습니다. 그러한 순간들의 공포와 비참함을 오직 하나님만이 아실 것입니다.

최근에 그렇게 강하고 유쾌했던 나의 가여운 남편이 여기에 누워 있습니다. 우리가 집을 떠날 때 모든 사람이 감탄했던 건강한 우리 아기는 지금은 살아 있는 해골처럼 뼈만 앙상하게 남았습니다. 그리고 나는 …내 얼굴을 내가 못 보는 것이 오히려 다행이었는데, 보는 것이 분명히 위로가 되지 않을 것이기 때문입니다. 이제 나의 고난의 컵이 차서 거의 넘쳐흐르려 하고 있었습니다. 그 끔찍한 밤 이후 남편은 좀 나아진 것 같았습니다.

남편을 묶었던 줄을 풀면서 나는 매우 기뻤습니다. 며칠 후에는 함께 기도도 할 수 있었고 나의 보배로운 성경을 보며 하나님의 달콤한 권고의 말씀도 받을 수 있었습니다. 눈도 덜 아팠고 사무엘도 서서히 건강이 좋아지고 있었습니다.

나는 날마다 우유를 한 잔씩 샀고 나머지 50전으로는 고기를 사서 남편에게 먹게 했습니다. 간수들은 나의 그런 행동을 꾸짖었고, 관리는 내가 돈을 낭비하고 있다고 여러 번 주의를 주었습니다. 나는 남편에게 영양가 있는 음식을 주고 싶은 마음이 너무나 간절했습니다. 만약 내가 남편의 마지막이 가까운 것을 알았더라면 목숨을 걸고서라도 이 다급한 상황을 벗어나게 해 달라고 관리에게 애걸했을 것입니다.

어린 사무엘에게 하루에 우유 한 잔씩 밖에 먹이지 못해서 나는 밥을 좀 팔아서 우유를 조금 더 먹였습니다. 나 자신에게도 충분하지 않은 밥을 줄여서 그렇게 한 것이었습니다. 관리는 내가 우유를 사기 위해 밥을 일부 판다는 말을 듣고 나에게 밥을 주지 못하게 했고 우유 파는 사람도 오지 못하게 했습니다.

감옥은 더 이상 견디기가 힘들었습니다. 지치고 굶주리는 것 이상으로 힘들었던 것이 오물과 해충이었습니다. 이런 상황을 견디어 본 사람만이 그 고통을 알 수 있을 것입니다. 오물로 가득한 주위를 보기만 해도 내 눈에서 뜨거운 눈물이 흘러 내렸습니다.

그러나 내게 있는 모든 것을 가져간다고 해도 나에게 있는 고귀한 특권인 기도만은 가져갈 수 없었습니다. 잠시 동안 나를 둘러싸고 있는 비참함에 대하여 눈을 감고, '모든 위로의 하나님'을 앙망할 때 내 영혼이 얼마나 편히 쉴 수 있는지!

> 사방에서 폭풍이 몰아치고
> 고뇌의 파도가 삼킬 듯이 밀려올 때,
> 고요하고 확실한 피난처 주시네.
> 속죄소 아래에.

관아의 신사 한 사람이 우리에게 감옥에서도 계속 기도하느냐고 물었습니다. 내가 하고 있다고 대답하자 기도해서 무슨 소용이 있느냐고 다시 묻는 것이었습니다. 나는 할 수 있는 한 성심껏 하나님의 자녀가 되는 −가장 가난한 사람들일지라도− 축복과 영광에 대하여 그에게 설명했습니다.

하나님의 사랑의 임재에서 위로를 받는 사람들이 누리는 평안에 대해 내가 단순히 확신하고 있는 바를 이야기하자, 그 신사는 정중한 태도로 경청하며 감동하는 것 같았습니다. 우리가 신앙 때문에 가난해지고 고통을 받으며 심지어 동료 죄수들에게서 능욕을 당하면서도 여전히 신앙을 고수하고 있다는 사실이 그를 놀라게 한 것 같았습니다.

남편이 이성적으로 이야기할 수 있을 정도로 충분히 건강해졌을 때, 우리는 고난을 통해서 하나님의 선하심을 체험하게 해 주신 주님께 함께 감사를 드렸습니다. 그러한 고난은 우리를 위한 주님의 훈련의 일부였습니다.

우리는 "주님 안에서 더 크고 더 높고 더 온전한 믿음을 주소서."라는 찬송을 자주 불렀습니다. 때로 나는 "주님이 원하시는 방법이 그 어떤 것이든 좋사오니 다만 주님이 재림하실 때 제가 준비되도록 도와주소서!"라고 기도했습니다. 그분은 우리의 기도를 그대로 받아 주셨습니다. 오직 내가 원하는 것은 주님께서 나와 함께 그분의 목적을 이루시는 것이었습니다. 비록 짧은 기간이었지만, 중국에서 가난한 사람들의 고난에 동참해 본 경험 덕분에 더 깊은 동정심을 가지고 축복하는 기도를 하게 되었습니다.

말로 다 할 수 없는 고난과 비참한 경험들로 이어졌던 한 달이라는 시간이 지난 후, 우리를 핑양부를 거쳐서 해안으로 호송할 것이라는 말을 들었습니다. 새 옷을 주고 새 짚을 깔아 주는 것을 보아 우리를 보호하라는 명령이 내려진 것이 분명했습니다. 며칠 동안이라도 이런 대우를 받게 된다면 남편이 핑양부로 갈 수 있을 만큼 강건해질 수도 있었겠지만, 우리는 이틀 만에 출발해야만 했습니다.

10월 4일 통솔자인 리가 약 10명의 군사들과 함께 도착했습니다. 남편은 관리 앞으로 불려 나갔습니다. 남편은 우리가 융닝으로 돌아가서 가능한 한 빨리 우리의 사역을 다시 시작하고 싶다고 했습니다. 그러나 관리는 남편의 상태가 우리의 여정을 결정하기에 적합하지 않다고 생각했는지 곧 나를 불렀습니다. 내가 가능한 한 빨리 해안으로 가는 것이 최선일 것이라고 하자 최대한 빨리 그렇게 해 주겠다고 했습니다.

다음 날 아침 떠날 준비가 다 되었습니다. 만일 당시에 남편이 얼마나 연약한 상태인지 알았더라면 아무리 상황이 열악하더라도 그곳에 그냥 남아 있겠다고 했을 것입니다. 10월 5일에 우리는 출발했습니다. 남편과 아기는 세단 의자에 앉아 갔고 나는 말에 올라탔습니다. 우리 호송인들은 우리를 잘 돌봐 주었습니다. 푸시엔부터는 노새가 끄는 수레를 타고 핑양부를 향해 여행을 계속했습니다.

그 도시 가까이에서 서태후와 조정의 신하들이 시안으로 가는 도중에 그 길을 통과한다는 말을 들었습니다. 그래서 핑양부에서 십여 리 떨어진 마을에서 여정을 멈추고 10월 12일까지 사원에 머물렀습니다. 그곳에서는 남편이 먹을 수 없는 조악한 음식 밖에 구할 수 없어서 남편은 더욱 쇠약해졌습니다.

핑양부에서 우리는 매우 정중한 대접을 받았습니다. 이전과는 다른 대접을 받으니 매우 당황스러웠습니다. 우리는 전에 여선교사들이 살던 집으로 가서 그 선교사들을 섬겼던 고용인들의 도움을 받을 수 있었습니다.

우리는 정중하게 호송을 받으며 우리가 거처할 곳으로 갔습니다. 도착해 보니 그곳은 살만한 곳이 못되었습니다. 문과 창문과 천장이 다 없어졌고 벽난로는 부서져 있었습니다. 그러나 뒤뜰에 학교로 사용하던 작은 집에서 우리가 머물 수 있는 방 한 칸을 찾을 수 있었습니다. 비좁고 통풍이 잘 안 되는 곳이었는데 부엌과 침실을 함께 사용하니 더욱 좋지 않았습니다.

피신에 성공한 선교사가 있다는 소식을 들으니 반가웠습니다. 여러 달 동안 우리가 들은 소식이라고는 살해된 선교사 이야기뿐이었습니다. 그래서 우리는 산시 전체가 죽음의 덫과 같이 되었고 하나님을 찬양하며 그분의 구원의 은혜를 증거하던 모든 입들이 이제는 땅 속에서 침묵하고 있다고만 생각하고 있었습니다. 타닝을 떠나기 며칠 전, 홍퉁과 귀우에 외국인 들이 있다는 이야기를 들었습니다. 홍퉁의 외국인은 천주교인이었습니다. 그들은 견고하게 지어진 마을 예배당에 은신하여 현지 교인들과 함께 무장 하고 모든 공격을 성공적으로 막아낼 수 있었습니다. 귀우에 있는 사람들 은 우리 선교회에 속한 매키와 채프먼, 그리고 웨이 선교사로 판명되었는 데, 그들은 어느 정도 폭풍이 지나가기까지 산중에 잘 숨어 있었습니다.

　평양부에 도착한 이틀 후인 10월 14일 밤, 남편의 건강이 아주 악화되 었습니다. 맥박이 매우 느리게 뛰고 있었는데, 나는 그것이 열이 내린 징 후라고 생각하고 지친 나머지 잠에 빠져 들었습니다. 아침에 깨어났을 때 남편은 모든 것에 무관심하고 아무 욕구도 느끼지 못하는 것 같이 누워 있 었습니다. 연유를 조금 준비하여 입에 넣어 주었지만 삼키지 못했습니다. 나는 두려움에 사로잡혀 거의 미칠 것 같았습니다. 그때야 비로소 나는 그 가 죽어가고 있음을 알았습니다. 남편에게 무슨 말이든 좀 해보라고 애걸 했지만 아무 말도 하지 못했습니다. 오, 깊은 영혼의 고통 속에서 얼마나 하나님께 간절히 부르짖었는지요! 내가 기도하자 그는 깊고 고요한 잠 속 으로 빠져 들었습니다. 파리들이 그를 성가시게 하지 못하도록 지키면서 계속 그의 곁에 앉아 있었습니다.
　남편을 의화단에게 잃은 젊은 중국 과부가 어린 사무엘을 돌보면서 나 와 함께 머물러 있었습니다. 그러나 사무엘이 울기 시작하여 고통 속에서 잠든 남편을 깨우지 않기 위해 나는 사무엘을 데리고 잠깐 그 자리를 피했습니다. 침대에서 희미하게 무슨 소리가 들려 걱정하며 그것이 무슨 소리냐고 묻자 그녀는 "아무 것도 아니에요" 라고 대답했습니다. 몇 분 후에 그를 보려고 일어났는데, 한눈에 모든 사실을 알 수 있었습니다. 고통 속에서 지쳐 있던 순례자는 순교자의 면류관을 받기 위해 왕이신 그분의 임재 속으로 들어갔던 것입니다.

어떤 단어로도 나의 처절한 외로움을 표현할 수 없었습니다. 어떤 비통한 눈물로도 나의 쓰라린 마음을 어루만질 수 없었습니다. 하나님께서 위로를 주실 때까지 슬픔의 폭풍이 나를 압도했습니다.

남편이 죽었다고 관리에게 전갈을 보냈습니다. 리 대장이 나를 보러 왔습니다. 그와 그의 군사들, 그리고 성도들이 나를 위로하려고 애썼지만, 인간의 동정은 충분한 위로가 되지 못했습니다. 그러나 하나님께서 놀라운 방법으로 나를 도와 주셨습니다. 오랜 옛날 나인 성 밖에서 "울지 말라."고 말씀하셨던 그 말씀이 능력으로 나의 마음에 다가왔습니다. 그 찬송은 진리였습니다….

외롭다고? 아니야,
예수님이 곁에 계시면 외롭지 않아.
그분의 임재로 내 방을 채우시니
나는 아네, 그분이 가까이 계신 것을.

그날 저녁 우리는 관을 하나 사서 다음 날 아침에 도시 외곽에 안식처를 찾아 거기에 그를 뉘었습니다. 그곳은 외지 사람들이 자기 고향으로 옮겨지기 전까지 임시로 매장되는 장소였습니다.

나에게 가장 큰 위로가 되었던 사람은 나를 돕고 있던 그 젊은 과부였습니다. 그녀 역시 깊은 슬픔을 겪은 사람이었습니다.

남편이 선교사들의 우편물을 배달하다가 의화단에게 잡혀 감옥에 갇혔는데 관리들이 그를 보호하려고 했지만, 결국 그는 감옥에서 끌려 나와 참수를 당했습니다. 그의 머리는 그 아내가 감옥에서 풀려 나와 내릴 때까지 다른 사람의 머리와 함께 성벽에 못 박혀 있었습니다.

우리는 아주 극심한 고통을 겪은 기독교인들을 보았습니다. 어떤 사람들은 일생동안 불구로 살게 되었고 어떤 백발노인은 반나절 동안 자신의 엄지손가락 두 개로 매달려 있었습니다. 또 어떤 사람들은 이마에 칼로 벤 십자가 모양의 상처가 있었습니다.

10월 24일, 귀우에서 매키, 채프맨, 그리고 웨이 선교사가 와 주어 나는 매우 기뻤습니다. 이것은 정말 큰 위로가 되었습니다. 그들의 손을 꼭 붙잡은 채 나는 할 말을 잃었습니다.

한코우로 가는 긴 여행은 지체될 수밖에 없었습니다. 그 동안 우리는 고밀라 윌슨의 집으로 다시 이동했습니다.

우리의 보증인이었던 서기관 치엔은 관리들에게서 돈을 빌릴 수 있도록 도와주었습니다. 그는 또한 우리를 위해 해안으로 편지를 보내 주었는데 그 아들이 치푸에 있는 선교사 자녀 학교에 다니고 있어서 그 편에 동봉하여 보냈습니다.

12월 6일, 주님은 몸과 마음이 건강한 귀여운 딸을 나에게 주셨습니다.

내가 겪어온 모든 고난을 기억할 때 이것은 참으로 큰 자비였습니다.

서기관 치엔의 부인은 나를 자주 찾아와 여러모로 보살펴 주었습니다.

1월 6일, 우리는 보병 두 명과 열여섯 명의 기마병, 그리고 두 장교의 호위를 받으면서 한코우를 향해 출발했습니다. 2월 16일 무사히 한코우에 도착해서 넘치는 사랑과 환대를 받았습니다. 영국에 있는 친구들이 얼마나 관대하게 우리에게 필요한 것들을 풍성히 채워 주었는지 정말 감격스러웠습니다. 그러나 그 모든 일시적인 선물들보다 더 소중했던 일은 함께 찬양하고 기도할 수 있는 시간들이었습니다.

주가 주셨던 그 모든 일들을 견딘 후 나는 마음 깊은 곳에서 이런 고백을 드릴 수 있습니다.

"지금까지 주님께서 나를 도와 주셨다."

"주님을 송축하라, 오 나의 영혼아!
내 속에 있는 모든 것들아, 주의 거룩하신 이름을 송축하라!"

매키, 채프만, 오그렌 부인과 아이, 웨이 선교사 일행과 그들을 호위해 온 관리들이
한코우에 도착해서 찍은 사진

1901년 2월 13일, 한코우에 도착한 매키 선교사와 그 일행

산시에서 살아남은 일행 – 바오딩부 기차역에서, 어니스트 테일러, 오어윙, D.E. 호스트, 호위 책임 관리, 앳우드, Dr. 스미스, 던칸, E. H. 에드워즈

많은 환난을 겪고

웨이(Miss M.E. Way)

: 귀우에서 피신할 때 웨이, 매키, 채프먼이 한 그룹이 되었고 케이 부부와 아이가 또 다른 그룹이었다. 첫째 그룹은 살아남았으나 둘째 그룹은 순교했다.

&So 지극히 선하신 주님을 간증하게 된 것은 저의 큰 기쁨이고 특권입니다. 어린 양의 혼인 잔치에서 그들을 만나기 전에 동료 성도들을 다시 만나보게 되리라고는 전혀 생각하지 못했습니다. 정말 고비 고비 죽음과 맞닥뜨려 왔습니다. 그러나 그 순간들이 가장 행복할 수 있었던 것은 바로 주님 그분의 영광이 우리를 둘러 비추는 듯했기 때문입니다.

저는 양저우에서 행복하게 5달을 보낸 후 산시에서 사역하도록 임명을 받았습니다. 1900년 3월 20일 상하이를 떠나 귀우에서 30여km 떨어진 임지 이청에 5월 1일 도착했는데, 그 날은 정말 밝고 영광스러운 날이었습니다. 두 주 후에 채프먼 선교사와 나는 수양회에 참석하려고 펑양부로 떠났습니다. 그 수양회에 참석했던 사람들은 지금 거의 모두 천국에 있습니다.

다시 임지로 돌아왔는데 주위 사람들이 많이 변해 있었습니다. 우리는 생명에 위협을 받았지만, 이 곤경이 곧 지나갈 것이라고 생각했기 때문에 그 사실을 아무에게도 알리지 않았습니다. 며칠 후 우리의 책임자였던 케이 선교사가 편지를 보냈는데 즉시로 임지를 떠나야 한다는 내용이었습니다. 우리는 그가 보낸 수레를 타고 떠났습니다. 우리는 의화단이 군사 훈련을 하고 있는 곳을 통과해야 했지만 다행히 안전하게 귀우시에 도착할 수 있었습니다. 여기서 우리는 어느 순간에라도 우리의 왕께로 부름 받을 수 있다는 사실을 예측하면서 심한 긴장감 속에서 5주간을 보냈습니다.

마침내 관리는 더 이상 우리를 보호할 수 없다고 말했습니다. 모든 외국인들을 죽이라는 포고령이 이미 내려졌으며, 외국인들에게 잔인한 행동을 해도 좋다고 허락했다는 것이었습니다. 우리는 산 속으로 피신하기로 결정하고 두 그룹으로 갈라졌습니다. 케이 씨 부부와 아이가 한 그룹이었고 매키 씨와 채프먼, 그리고 내가 한 그룹이 되었습니다. 첫 그룹의 세 사람 은 모두 지금 천국에 있습니다.

7월 4일 수요일, 현지 성도들의 인도를 받으며 산을 향해 출발했습니다. 우리는 남자 옷을 입고, 20여km를 터벅터벅 걸어서 작은 오두막에 도착했습니다. 새벽 4시에 한 중년 여인이 빵과 물을 조금 가져다 줄 때까지 곤히 잤습니다. 그 여인은 매우 흥분해 있었는데, 조금 전에 의화단이 와서 기독교인들이 거기 사는지를 물었다는 것입니다. 아니라고 해도 그들은 믿지 않고 연로한 아버지를 바로 옆 사원으로 데려갔답니다. 거기서 그는 우상들에게 절을 하고 많은 벌금을 낸 후에야 풀려났다는 것이었습니다.

우리는 그가 주님을 부인했다는 사실에 마음이 슬펐지만, 그는 자신의 행동이 겉으로만 그렇게 한 것이라고 했습니다. 그렇게 함으로써 우리의 생명을 보존했다고 말하며 기뻐했습니다. 그날 밤에 우리는 그곳을 떠나 30여km를 걸어서 장시엔 산으로 올라갔습니다.

여기서 우리는 6주 동안 다락에 숨어 있었습니다. 숨어있는 동안 줄곧 대화는 속삭이는 정도로만 할 수 있었으며 밤이 되어서야 잠깐 밖으로 나가 신선한 공기를 마셨습니다. 이 다락은 악명 높은 한 도둑의 소유였는데 그는 상당한 돈을 받는 조건으로 우리를 숨겨 주겠다고 약속했습니다. 우리의 침대는 관으로 썼던 널빤지로 되어 있었고 쥐와 해충들이 들끓었습니다. 우리를 도와주던 신실한 소년이 가까운 동굴에 머물면서 하루에 세 번씩 음식을 날라다 주었습니다.

6주가 다 되어갈 무렵에 우리 은신처가 누설된 것 같았기 때문에 우리는 한코우까지 걸어가기로 결정했습니다. 한코우는 약 800km 떨어진 곳이었는데, 낮에는 숨어 있고 밤에만 이동할 수 있었습니다.

타이위앤에 있는 우리의 사랑하는 동료 샤오이와 호친 선교사가 죽임을 당했다는 소식을 들었습니다. 우리는 10명 가량의 호위를 받으며 8월 19일 자정에 출발했습니다. 전날 밤은 폭풍우가 굉장했고 땅은 매우 미끄러웠으며 덤불이 목까지 닿았습니다. 동틀 무렵에 산 정상에 있는 두 개의 동굴에 도착했습니다. 남자 6명은 아래 쪽 동굴로 갔고 우리는 위에 있는 동굴로 갔는데, 그 안에는 사람의 해골이 있었습니다. 각자 깔개와 갈아입을 옷을 가지고 할 수 있는 한 편안하게 자려고 누웠습니다. 약 30분 후쯤 굉장한 소음을 들었는데, 곧 깊은 정적이 따라 왔습니다.

그때, 우리를 인도하던 사람들이 사라진 것을 알게 되었지만, 우리는 손 쓸 방법이 없었습니다. 얼마 되지 않는 우리의 소유물을 동굴에 남겨두고 우리끼리 떠날 수밖에 없었습니다. 다른 산꼭대기까지 겨우 올라갔다가 손과 발로 기어서 산의 다른 쪽으로 미끄러지듯 내려왔습니다. 고통스럽고 긴 방랑의 시간을 지내고 한 마을에 도착했는데, 거기서 5, 60명쯤 되어 보이는 사람들이 모두 칼과 막대기로 무장을 하고 우리를 따라 왔습니다.

그들은 우리를 에워싸면서 다시 마을로 돌아가라고 했습니다. 우리를 인도했던 남자 6명은 전부 잡아서 사원에 가두었다고 했습니다. 우리는 먹을 음식과 마실 물도 없이 하루 종일 밤까지 걸었습니다.

많은 성도들이 우리를 방문했는데 거의 모든 성도들의 이마에 십자가 모양의 상처가 있었습니다. 의화단들이 칼로 그렇게 한 것이었습니다.

타이위앤에 있는 성도들의 신실함을 생각할 때 우리 마음은 기쁨으로 가득 찼습니다. 선교사들이 먼저 목을 베이고 그 후에 현지인 성도들이 무릎을 꿇고 그 피를 마셔야 했습니다. 그들은 무릎을 꿇은 채 죽음을 당하면서도 주님을 부인하지 않았습니다.

가르치던 여학생들이 관청으로 끌려갔는데 관리가 "너희는 외국인들을 추종한다"고 하자, 그들은 "아니요, 우리는 그리스도를 따릅니다."라고 했고, 그가 "너희는 외국 책을 읽는다."고 했을 때는 "아니요, 우리는 하나님의 책을 읽습니다."라고 대답했습니다. 산시는 참으로 순교자가 피를 흘린 땅이기 때문에 나는 앞으로 올 영광스러운 추수를 생각하며 기뻐합니다.

타이쿠 성도들이 예배하러 모였는데 의화단원들이 와서 두 사람만 빼고 다 죽였다는 소식을 들었습니다. 기도하는 자세로 본향 집으로 돌아가는 것이 얼마나 아름다운지요!!

저는 중국에 처음 와서 일 년 동안 대단한 체험을 했습니다. 나는 본국으로 가지 않고 조금 쉬었다가 다시 산시 사역으로 돌아가기를 소망하고 있습니다. 내가 날마다 더 강건해질 수 있도록 기도해 주시고 또한 정복할 수 있는 하나님의 거룩한 무기들로 무장한 신실한 군사로서 같은 사역지로 돌아갈 수 있도록 기도해 주시기를 바랍니다.

잠시 동안
예수님께 영혼들을 인도하다가
아름다우신 주님을 대면하여 보겠네.
잠시 동안
영혼의 질병을 치유하겠네,
우리 구주의 은혜를 증언하여서.

감옥에 갇히다

줄리어스 휴잇 (Julius W. Hewett)

: 1900년 10월 8일에 상하이에 있는 CIM의 지도자들은
"휴잇 박사에게 최악의 상황이 우려됨" 이라고 본국에 전보를 보냈다.
하지만 그때 당시 그는 안전하게 감옥에 있었고, 11월 6일에 한코우에 도착했다.

🕮 7월 6일 금요일에 친구들과 상의할 일이 있어서 루청으로 갔습니다. 그곳에서 한코우로 도피 중인 선더스 씨 일행을 만났습니다. 그날 자정 쯤 되었을 때, 내가 떠나왔던 기지에서 배럿(David Barratt) 씨가 편지를 보내 왔습니다. 그는 타이위앤에서 일어나고 있는 심각한 상황에 대해 알려 주면서 자신은 량마라는 곳으로 피신을 가니 나도 그곳으로 오기를 바란다는 것이었습니다. 나는 쿠퍼(E. J. Cooper)와 선더스 선교사와 상의한 후 위위로 돌아가서 우리 선교관을 지키기로 결정했습니다. 한 장소가 약탈을 당하면 같은 지역의 다른 장소들도 빠른 속도로 약탈당할 것이기 때문이었습니다.

날이 새기 전에 출발해서 위위에 도착했을 때는 벌써 우리 선교관은 황폐해 있었고 문들은 밖에서 폐쇄되어 있었습니다. 그곳 현지인들은 선교관을 둘러싸고 서서 입을 떡 벌린 채 멍하니 그 광경을 바라보고 있었습니다.

나도 그 가운데 서 있다가 성도들이 한두 명 그곳에 나타나서 우리는 함께 사다리를 이용하여 벽을 올라갔습니다. 그러나 선교 본부에 계속 머무

는 것은 불가능한 일이었습니다. 할 수 없이 인근에 있는 현지 성도들의 집으로 피신할 수밖에 없었는데, 그 후로 한 달 이상 도시 밖으로 나가지 못했습니다. 정말 불안하고 고통스럽던 시간이었습니다.

나는 한 번도 3일 이상을 같은 장소에 머무르지 않았습니다. 밤 시간을 이용하여 샛길을 따라 이동하기도 하고 언덕을 오르거나 골짜기를 내려가며 쉬지 않고 여기저기로 도망 다녔습니다. 한번은 가파른 벼랑에서 떨어지기도 했지만 약간 고통스러웠을 뿐 심하게 다치지는 않았습니다.

이렇게 한 달이 지나자 나는 많이 지쳤습니다. 이토록 심한 긴장과 과로를 더 이상 견딜 수가 없었습니다. 그보다도 어느 현지인도 더 이상 나와 함께 하기를 원하지 않았습니다. 어찌 해야 했을까요? 내가 고용한 사람은 위험을 무릅쓰고 최근에 내려진 포고령을 확인하고 내게 전해주었습니다.

모자를 들고있는 윌리엄 쿠퍼가 데이빗 배럿과 함께, 1900년

그 중 하나는 누구든 외국인에게 은신처를 제공하는 자는 온 가족을 몰살 시킬 것이며 그의 소유도 불태울 것이라는 내용이었고, 아직 살아 있는 외국인은 그의 고국으로 안전하게 돌려보내겠다는 또 다른 공고도 있었습니다. 이 포고령이 함정일지도 몰라 두렵기도 했지만, 나는 한계 상황에 도달해 있었기 때문에 관리들을 믿는 모험을 감행하기로 결단했습니다.

저녁 때 나는 위위로 돌아가서 그 마을의 최고 지도자 앞에 모습을 드러냈습니다. 이틀 후 그는 마을의 원로 다섯 명을 대동하고 지방 도시인 투엔류로 나를 데리고 갔습니다. 8월 5일 주일에 그곳에 도착했습니다.

여기에서 나는 판팡에 머물게 되었는데, 판팡은 영국의 경찰서에 해당하는 곳입니다. 다음 날 만난 관리는 매우 정중하게 나를 영접했습니다.

그 날 저녁에 서기장이 사람을 보내어 나를 그의 자택으로 오게 했는데, 그 포고령이 함정일 뿐이며 내가 만일 관청을 떠났다면 분명히 죽었을 것이라고 했습니다. 그는 부인과 함께 나의 생명을 구할 방도를 궁리하느라고 밤새 잠을 못 잤다고 했습니다.

그는 "만일 관리가 당신이 가야만 한다고 말하거든, 절대로 아무 것도 가지고 가지 마십시오. 그러나 그보다 더 좋은 것은 무릎을 꿇고 그에게 가지 않겠다고 하고 만일 죽어야 한다면 여기에서 죽기로 결심했다고 말하십시오."라고 충고했습니다. 그는 나에게 돈이 좀 필요하냐고 물었지만 나는 식사만 할 수 있다면 돈은 없는 것이 좋을 것 같다고 대답했습니다. 나는 칠 일 동안 판팡에 머물렀는데 매우 비참하고 지저분한 곳이었습니다. 마침내 그 서기가 나를 다시 불러서 나에 대한 계획을 세웠고 이미 관리와 상의까지 끝마쳤다고 말해 주었습니다.

그는 며칠 후에 관리가 나를 법정에 불러서 내가 고국으로 돌아가기를 거절했는지 물을 것인데, 내가 돌아가기를 거절했다고 하면 그는 나의 손과 발을 쇠사슬로 묶어서 감옥에 가둘 것이라고 했습니다. 그러나 나는 아무 것도 두려워할 필요가 없다고 분명하게 말했습니다. 왜냐하면 투옥되자마자 쇠사슬을 풀어주고 사태가 잠잠해질 때까지 거기서 안전하게 보호해 줄 것이기 때문이었습니다.

며칠 후인 8월 17일에 나는 호출을 받아 많은 사람들이 보는 가운데 관리 앞으로 나가게 되었습니다. 서기에게서 들은 대로 관리는 지체 없이 나에게 감옥형을 선고했습니다. 관리의 부하들은 매우 친절하게 대해 주었으며 두려워할 필요가 없음을 확신시켜 주었습니다. 미리 약속된 대로 나는 감옥에 갇혔다가 쇠사슬에서 풀려났습니다.

나는 여기서 두 달을 지냈는데 일반 죄수들과 떨어진 바깥 뜰 쪽에 있었습니다. 음식은 작은 문(132쪽 그림을 볼 것)을 통해서 하루 세 번씩 공급되었습니다. 음식은 아주 형편없는 때가 많았으며 나에게 잘 맞지 않았습니다.

그러나 서기가 계란을 자주 보내 주었고 때로는 고기도 한 그릇씩 보내 주었습니다. 한번은 그의 어린 딸이 나에게 음식을 가져다주었습니다.

내게 주어진 음식은 전반적으로 보잘 것 없었지만 통상적으로 일반 범죄자들에게 주는 것보다는 훨씬 나았습니다.

정말 외로운 시간들이었지만 마을의 지도자가 가져다 준 책 몇 권으로 크게 위안을 받을 수 있었습니다. 관리는 나의 요청에 따라 사람을 보내어 성도들이 나를 위해 몰래 간직하고 있는 물건들도 가지고 올 수 있게 해주었습니다. 그렇게 해서 나는 책과 의복을 받게 되었으며 날마다 시간을 온전하게 사용할 수 있었습니다. 공부를 할 수 있는 여가 시간도 있었습니다.

나는 특별히 관심을 기울여 중국어로 읽고 쓰는 것을 공부했는데, 이것은 서기나 관리와 연락하는 일에 크게 도움이 되었습니다. 나는 평안하고 행복했지만, 해질녘이 되면 감당할 수 없이 우울해졌습니다. 그러한 시간에 스펄전의 자서전을 읽으며 묵상할 수 있어서 감사했습니다.

그 다음 달에 나는 같은 감옥에 있는 두 사람과 알게 되었는데, 그 중 한 사람과는 좋은 친구가 되었습니다. 음식과 옷을 그에게 조금씩 나누어 주면서 적게나마 친절을 베풀 수가 있었습니다. 나는 그에게 기도하는 것을 가르쳐 주었고 구주이신 그리스도에 대하여 말해 주었습니다. 내가 떠날 때 그는 간절한 마음으로 나를 다시 보기 원한다고 말했으며 복음에 대한 자신의 믿음을 고백했습니다.

10월 초가 되어 소요가 다소 잠잠해졌다는 소식이 들리자 마음이 흔들리기 시작했고 여기를 떠나고 싶은 생각이 간절해졌습니다. 그래서 서기장에게 편지를 썼더니 10월 10일 저녁에 나를 만나러 왔습니다. 언제 떠나기를 원하느냐고 물어 나는 한시라도 빨리 한코우로 가고 싶다고 대답했습니다. 그는 결정사항을 10월 13일 주일까지 알려 주겠다고 약속했습니다.

그러더니 목요일에 와서 내가 타이위앤을 경유하여 해안으로 가는 것이 좋겠다고 말했습니다. 나는 그가 전에 베풀어 준 친절을 생각할 때 그를 믿고 모든 것을 맡기겠다고 했습니다.

그러기는 했지만 그날 밤에 잠이 오지 않았습니다. 그 계획에 대해 계속 불편한 마음이 들었습니다. 그래서 아침에 일어나 남쪽의 도로를 경유하여 한코우로 가도록 제발 허용해 달라고 편지를 썼습니다.

놀랍게도 다음 날(금요일) 아침에 전령이 와서 "짐들을 싸시오. 수레가 와서 대기하고 있습니다,"고 했습니다.

내가 떠날 때 관리가 나를 호위해 주었습니다. 그런데 서기장이 나에게 준 것은 유용한 여권이 아니고 죄수의 통행 허가서였습니다. 그들이 돈도 음식도 없이 나를 보내려고 했기 때문에 돌아가서 그것들을 요청하자 음식만 조금 주었습니다. 남쪽으로 20여km 떨어진 곳에 있는 바오티엔에 은행에 맡겼던 돈이 있어서 거기서 약 5천원을 찾을 수 있었습니다.

나는 도시에서 도시로 호송되었으며 밤에는 판팡에서 잤습니다. 그들은 내가 음식비로 하루에 60원씩 쓸 수 있도록 허용했지만, 반 정도만 줄 때가 많았습니다. 서기장의 부하들이 심술을 부리고 괴롭히는 것 외에는 그래도 이 여행에서는 견딜만한 대우를 받았습니다.

그리고 여행 내내 수레도 탈 수 있었습니다. 산시와 호난의 경계인 랑채에서 나를 호송하도록 배정된 사람들에게 1500원을 빼앗겨서 관리들에게 호소했지만 만족할만한 어떤 결과도 얻어내지 못했습니다. 그들은 내가 이

감옥 문, 가운데 음식을 밀어 넣어 주던 작은 문이 보인다.
J.W. 휴잇이 감옥에 갇혔을 때 그린 그림.

중국 감옥의 바깥 뜰, J. W. 휴잇이 감옥에서 그린 그림

일을 휘칭부에 보고할 것이라고 두려워하여 다시는 이 일에 대해 언급하지 않겠다는 약속을 하기 전에는 여행을 계속할 수 없다고 말했습니다. 그러고는 나에게 400원을 반환해 주었습니다.

황허 강 바로 북쪽인 우치에서는 앞의 일행들이 받았던 것과 같이 나도 좋은 대우를 받았습니다. 관리들이 모두 나를 방문하였으며 고관은 한사코 나에게 여행 비용으로 은 20온스(3 파운드)를 주었습니다. 그는 내가 정중한 대우를 받을 수 있도록 나에게 새 여권을 주었습니다.

그러나 그럼에도 불구하고 나는 아직 감옥에 갇혀 있는 처지였으며 매우 비천한 범죄자와 함께 수레를 타기도 했습니다. 그 범죄자의 옷은 넝마였고 몸은 해충들로 덮여 있었는데, 나는 나흘 동안 그와 가까이 있어야만 했습니다.

후페 도에 이르러서는 더 나은 대우를 받을 수 있었습니다. 남쪽으로 내려 갈수록 사람들은 나를 더 존중해 주고 더 친절하게 대해 주었습니다.

나는 심지어 고관의 의자에 앉아 수레를 타기도 했고 서기장의 식탁에 앉기도 했습니다. 11월 1일에는 신양차우에서 한코우로 전신을 보낼 수 있었습니다. 11월 6일에 한코우에 도착했는데, 그것은 투엔류를 떠나 여행한 지 26일만이었습니다.*

4

사역의 재편성

"내가 이 반석 위에 내 교회를 세우리니 음부의 권세가 이기지 못하리라"

마태복음 16:18

"교회의 승리는 성도들의 무덤을 딛고 얻어진다."

크래프(Krapf)

"하나님께서 복음을 널리 전파하시기 위해 이 환난을 다스리실 것이라는 사실에 대해 우리는 모두 분명하고 강한 의견일치를 보이고 있습니다. 인도의 가장 성공적인 선교 사역이 1857년의 벵갈 원주민의 폭동 후에 있었던 것처럼 중국에서도 1901년의 의화단 폭동 후에 새로운 사역이 시작될 것입니다. 파괴된 모든 선교 거점들이 복구되어야할 뿐만 아니라 하나님의 교회가 그리스도를 위해 중국을 얻기 위한 전략적 기회를 포착하기 위해서 보강을 하고 증가된 경비를 충당하려는 계획도 세워야 할 것입니다."

중국 선교에 관심 있는

미국과 캐나다의 선교회 대표자들이 모인 컨퍼런스 보고서에서

"신앙의 어머니들이여! 우리는 여러분들에게서 베들레헴의 경이로운 아기에 대하여 처음 들었고 또 예수님께 무릎을 꿇는 것도 배웠습니다. 이 독수리들에게 어떻게 날아오를지 처음 가르쳤던 그대들이여, 지금 그들의 비상(飛翔)을 점검해 보지 않으렵니까? '아들들아, 나로 하여금 누군가의 딸이 아니라 너희들의 어머니라고 불릴 수 있도록 해다오'라고 야망에 찬 코넬리아는 말했습니다. 그러나 선교사의 어머니, 예수님을 증거하다가 죽임을 당한 순교자의 어머니가 되겠다는 소원보다 더 바람직한 야망이 또 어디 있겠습니까? 후대 사람들이 그대들을 복 있는 사람이라고 칭송할 것입니다. 아시아와 아프리카의 교회들은 그 교회의 설립자에 대해 '당신을 밴 태와 당신을 먹인 젖이 복이 있도소이다.'라고 말할 것입니다.

여러분 아내들이여, 전투의 소리를 즐거워하십시오. 전쟁터에 있는 군사된 자녀들의 잠자고 있는 용기를 일깨우십시오. 예수님의 진영처럼 안전하고 명예로운 장소는 없다고 생각하십시오. 여러분 자녀들의 마음이 타올라서 겸손하신 왕께 호산나를 외쳤던 그 순진무구한 아이들의 영혼처럼 그들도 '우리도 예수 그리스도의 선교사가 되겠어요'라고 외칠 때까지 그들에게 선교사들의 이야기를 해 주십시오."

멜빌 혼(Melvill Horne)

C.M.S.의 역사(History of C.M.S.) 중에서

사역의 재편성

1901년 9월 6일에 베이징에서 평화 의정서가 채택되기 오래 전에, 즐리성 내의 몇몇 지역에서는 순교자들을 위한 추모 예배와 공식적인 매장을 허락하는 공적인 절차가 이미 이루어져 있었다. 2월 22일, 로우리(J.W. Lowrie) 목사와 에드워드(Dr. Edwards) 박사는 바오딩부에서 사랑하는 친구들의 유해가 얕은 구덩이에 묻혀있는 것을 발견했다. 그들의 유해는 새롭게 찾아낸 현지 성도들의 시신과 함께 정중하게 관에 안치되어 다시 매장할 준비를 끝냈다.

필요한 준비를 전부 끝내고 매장 일을 3월 23일과 24일 즉, 토요일과 주일로 정했다. 첫 날은 도시 북쪽에서 화염으로 죽어간 사람들을 추모하여 예배를 드리고 주일에는 남부 지역에서 목이 잘려 순교한 사람들을 매장하고 그들을 위한 예배를 드릴 계획이었다.

바오딩부 성밖, 1900년 7월 1일, CIM과 미국 선교회 선교사들이 죽임을 당한 장소

각 지역마다 작년에 일어났던 참변에 대한 공식적인 사과가 있었으며 이에 따라 여러 곳에서 사역이 재개되었다. 바오딩부의 미국 장로교 선교부의 경우는 매우 흥미로운 일이 있었다. 로우리 목사가 독일 군대의 통역을 도와주면서 중재 역할을 잘 해서 많은 사람들이 정당하고 공평한 대우를 받게 되었고, 사람들은 그 일에 매우 깊은 감명을 받았다. 그리하여 그가 새로운 선교 센터 부지를 구입하기 위해 가능성을 타진했을 때, 바오딩부의 관리와 유지들은 그가 문의했던 땅의 문서를 그에게 넘겨주었다. 그것은 그의 봉사에 대한 선물이었고 또한 감사와 존경의 표시였다.

다음은 브라운(Mr. R.M. Brown) 씨가 바오딩부의 장례식과 추모 예배에 참석한 후 썼던 글에서 발췌한 것이다.

바오딩부 교외, 순교자들이 1900년 7월 1일 처형을 기다리며 갇혀 있던 절. 연합군이 절과 성벽을 무너뜨리고 C. H. S. 그린 부부와 그레그 선교사를 이 도시에서 찾아냈다.

3월 23일 금요일 저녁,

미국 선교회의 이사들과 장로교 선교사들이 베이징과 텐진에서 기차로 도착했다. 미국의 이사로서 참석한 사람은 스미스(Dr. A. H. Smith), 쉐필드(Mr. and Mrs. Sheffield), 러셀 양(Miss Russell), 위코프(Miss Wyckoff), 마이너 에반스(Miss Minor Evans), 그리고 차핀(Miss Chapin)이었다.

그리고 장로교 선교부에서는 훼리(Dr. Wherry), 킬리(Rev. C. A. & Mrs. Killie), 매킬리칸 자매들(Misses McKillican), 레오나드, 그리고 매키 박사(Drs. Leonard and Mackey)가 참석하였고 또 바오딩부에 있던 선교부 대표들이 참석하였다.

중국 내지 선교회의 대표는 브라운(Mr. R. M. Brown)이었다. 또한 저명한 중국 목사들과 장로들 몇 명, 그리고 교사들이 참석했다. 주변 지역에 거주하는 많은 성도들이 연합으로 드리는 예배에 참석하기 위해 모였는데 그들은 두 선교회와 연결된 사람들이었다.

장례식 행렬 ― 바오딩부.
선교사들을 추모하는 깃발은 도시의 유지들이 제공한 것이다.
중국인들은 흰옷을 입고 애도했다.

처음 예배는 토요일 아침 11시에 도시 북쪽의 장로교 선교부가 있는 곳에서 있었다. 이 예배는 고 테일러 의사(Dr. G. Y. Taylor), 심콕스 목사 부부(Rev. F. E. and Mrs. Simcox)와 그들의 세 자녀, 핫지 의사 부부(Dr. and Mrs. Hodge), 그리고 바오딩부와 인근 지역에서 예수 그리스도를 위하여 생명을 바친 모든 성도들을 추모하기 위한 것이었다.

두 번째 예배는 그 도시 남쪽 근교에 미국 선교 본부가 임시로 위치해 있던 장소에서 주일 아침에 드렸다. 그곳은 중국 내지 선교회 건물에서 가까웠다.

관리들은 천막을 세우고 큰 공중 집회를 준비했다. 넓은 천막 안에 진열된 관에는 매장될 여덟 명의 외국인과 스무 명의 현지인 시신이 들어 있었다.

관들은 뒤쪽에 두 줄로 배열되어 있었으며 천막의 중앙인 관 앞에는 큰 기념패가 있었다. 기념패에는 "로 페이 쿠 키아"(그들은 기쁨으로 고난의 십자가를 졌다)"라는 비문이 쓰여 있었으며 중앙에는 십자가가, 그리고 그 위에는 면류관이 그려져 있었다. 그 아래에도 기념패들이 있었는데 거기는 도시의 남쪽 근교에서 죽어 매장될 사람들의 이름이 중국어로 기록되어 있었다.

미국 측 소속으로는 핏켄(Rev. H. T. Pitken), 모릴(Miss Morrill), 굴드(Miss Gould), CIM 소속으로는 쿠퍼 목사(Rev. W. Cooper), 바그널(Rev. B. and Mrs. Bagnall), 글레이디스 바그널(Gladys Bagnall), 그리고 42명의 중국 성도들의 이름도 있었는데 그들 가운데 거의 20명에 가까운 시신이 매장될 예정이었다. 예배는 주로 중국어로 진행되었다. 삼나무 가지와 화환이 관 위에 놓였고, 사람들이 보낸 화분들이 기념패 앞과 관의 상부 한 쪽을 장식했다.

독일과 프랑스의 장군들이 많은 수하 장교들과 함께 예배에 참석했으며 일단의 독일 군인들과 독일과 프랑스의 악대들도 참석했다. 중국 관리들은 그 전날 참석했다. 독일 악대가 그 행사에 적합한 곡을 연주하면서 11시에 예배가 시작되었고 이어서 미국 선교회 소속인 팡왕(산둥)의 카오 목사가 성경 몇 구절을 읽었다. 그리고 "하나님의 종이여, 잘 하였도다."는 찬송을 중국어로 불렀다.

쉐필드 박사가 첫 번째 연설을 했는데 그는 죽은 성도들 가운데 어떤 사람들은 위험을 알리는 소문을 처음 들었을 때 교회가 어떻게 되든지 개의치 않고 도주했다면 목숨을 구할 수도 있었겠지만, 그들은 자신의 위치를 지켰다고 말했다.

그 후 로우리 목사의 기도와 프랑스 악대의 연주가 있은 후, 우 목사가 연설을 했다. 다음 찬송은 "내 안에 사는 분은 그리스도라"는 중국어 찬양이었다.

타이위앤의 대학살 장소에서 추모예배를 드렸다.

그 후에 스미스 박사가 영어로 짧게 연설했는데, 그는 9달 전 바로 그 치명적인 7월의 어느 날 지금 추모하고 있는 그 사람들이 처했던 상황에 관하여 언급했다. 그러고 나서 독일 악대가 두 번째 곡을 연주한 후 펙 박사가 영어로 연설했다. 순교한 사람들을 기념하여 그들에게 동정심과 존경심을 표해준 독일과 프랑스의 장군들과 장교들에게 감사한다고 하고 순교자의 친구들과 선교회 대표자들 역시 그들의 친절에 감사할 것이며 이 일을 기억할 때마다 감사하게 될 것이라고 말했다. 또한 그는 감동적인 예배가 되도록 수고를 아끼지 않은 악대들에게도 감사를 표했다. 이어서 그는 관리들의 도움과 참석에 대해 중국어로 감사를 표했다. 훼리 의사가 축도를 하고 프랑스 악대가 두 번째 곡을 연주하면서 예배가 끝났다. 마지막으로 장군들과 장교들, 그리고 중국 관리들이 모두 앞으로 나와서 기념패 앞에서 경례를 했다.

타이위앤의 장례 행렬 일부분. 중국 군인들도 행렬에 가담하고 있었다.

대부분의 시신들은 장지까지 가장 가까운 길로 바로 운반되었다. 그러나 좀 더 저명했던 사람들의 경우는 도시 근교의 주도로를 통하여 행렬을 지어갔으며 지금은 미국 선교회 소유로 되어 있는 장지로 우회하여 운반되었다.

외국인들은 열의 서쪽 끝에 안치되었는데, 처음에 미국 선교사 세 사람, 다음에 쿠퍼 목사, 글레이디스, 바그널 목사 부부, 그리고 현지 성도들의 관 행렬이 길게 줄지어 나갔다. 마지막 시신이 무덤에 안치된 후, 선교사들과 중국 성도들은 무덤의 북쪽으로부터 남쪽으로 길게 늘어서서 "어두움 후에 빛이 오며"라는 찬송을 중국어로 불렀다.

유해를 땅에 묻은 후 에드워드 박사는 가족을 잃은 유족들을 위로해 주시기를 기도했다. 그는 또한 그토록 무자비한 핍박을 받은 교회의 회복과 재건을 위해 기도했다. 킬리 목사가 축도를 한 다음 참석한 많은 사람들은 흙을 한줌씩 집어서 경건한 마음으로 계속해서 여러 무덤에 뿌렸다. 그렇게 해서 모든 장례식 절차가 끝났다.

방금 언급한 바오딩부에서의 추모 예배가 있은 지 약 3개월 후에, 여덟 명의 선교사 일행이 산시를 향해 출발했다. 그들의 이름은 샤오양 선교회의 에드워즈 박사, 모아 던칸 목사, 침례 선교회의 크리시 스미스 박사, 미국 선교회의 앳우드(Atwood) 박사, CIM의 호스트, 오어윙, 티아더 그리고 어니스트 테일러였다. 새 도지사인 텐춘쉔의 초청을 받아 8명의 선교사 일행은 도지사가 제공한 호위단의 인솔 하에 6월 26일 바오딩부를 출발했다. 그리고 그 도시에서 대량 학살이 있은 지 일 년이 되는 바로 그 7월 9일에 타이위앤에 도착했다. 다음은 이 일행 중의 한 사람이 그들이 받은 접대에 대해 일기에 쓴 내용을 발췌한 것이다.

7월 9일, 타이위앤에 도착했다. 12달 전 바로 오늘, 유럽과 미국에서 온 45명의 선교사들과 다른 성도들이 정부 지도자의 명령으로 죽음을 당했다.

오늘의 이 장면은 그때와 기이한 대조를 이루고 있다. 40여km 떨어진 곳에서는 기마 시종들이 우리가 도착하는 시간을 물었다. 15km 떨어진 곳에서는 도지사의 호위대가 환영의 나팔을 울리며 군기를 펄럭였다. 3km 더 가자 말을 탄 산시 경찰이 우리에게 경례를 했다. 도시로부터 5km 되는 곳에서 우리는 타고 있던 수레에서 내려 우리를 영접하기 위해 준비된 페킨(가로줄 무늬가 있는 견직물의 일종 -역주) 수레로 옮겨 탔다.

많은 성도들이 우리를 기쁘게 환영하는 것 같았다. 그들의 얼굴에는 인고의 흔적이 분명하게 드러나 있었다. 우리가 군인들과 민간인의 행렬 사이를 행진할 때 그 행렬은 급작스럽게 사람 수가 늘어났다. 별관으로 가는 입구에 황제의 관리가 서 있었고, 그는 앞으로 걸어 나와 "중국 황제의 이름으로 당신들을 환영합니다."라고 했다.

처음 들어간 뜰에서 그 도시의 대학과 상인 대표자들이 열을 지어 서서 우리에게 머리를 숙여 인사했다. 둘째 문에 이르자 여러 고급 관리들이 우리를 맞아 주었으며 외무대신인 션툰호가 앞으로 걸어 나와 왕궁의 예법으로 우리를 환영해 주었다. 우리는 모두 그 긴 예식으로 인해 다소 예민해 있었지만, 그는 탁월한 재치로 긴장을 다소 완화시켜 주었다. 그는 유창한 영어로 우리에게 마음을 편안히 하라고 말했다. 차를 마신 후 우리는 도시 안으로 승리의 입성을 계속했다. 그 다음 이틀 동안 많은 사람들이 우리를 방문했고 또 우리도 답례 차 방문하는 일로 시간을 보냈다. 10일에는 도지사가 우리에게 공식 만찬을 베풀었는데 그 행사를 기념하기 위해 연회 후에 초청된 모든 손님들은 함께 사진을 찍었다.

환영과 더불어 예비적인 업무들이 만족스럽게 준비되자 공적인 추모 예배 날짜가 바오딩부에서 결정되었다. 삽화에서 볼 수 있는 것과 같이 죽은 사람들의 유해는 이미 매장되어 있었다. 대량 학살이 일어난 곳 근처 벽에는 표지판이 붙어 있었는데, 그런 표지판은 외국인이 죽음을 당한 모든 장소에 동일하게 설치되어 있었다.

각 도시에서 드려지는 예배는 그 절차가 비슷했다. 다음의 글은 오어웡이 타이위앤에서 드려진 예배에 대해 기록한 글에서 발췌한 것인데 이것은 모든 예배의 대략적인 특징을 보여 주고 있다.

바오딩부에 있던 순교자 묘지

ARTYR'S GRAVES.
PAOTING FU.

수차례의 협상을 거쳐 장례식은 7월 18일 오전 9시에 거행되었다. 우리는 적합한 상복을 구해야 했다. 또한 현지 성도들 가운데 특별히 교회에서 직분을 맡고 있는 사람들은 외국인들과 같은 상복을 입어야 한다고 생각했다.

날이 밝자 우리는 날씨가 화창한 것에 매우 감사했다. 예정 시간 조금 전에 이름이 써 붙여진 의자 아홉 개를 남자 네 명이 우리 처소로 가져 왔다.

우리는 현청에까지 갔는데, 거기서 그 도의 재무대신과 수하에 있는 여러 고급 관리들의 영접을 받았다.

나는 밍칭(명정: 장사지낼 때 죽은 사람의 신분을 밝히기 위해 품계·관직·성씨 등을 기재하여 상여 앞에서 길을 인도하고 하관(下棺)이 끝난 뒤에는 관 위에 씌워서 묻는 깃발)이 어떻게 생겼는지 전혀 몰랐었는데, 그 기는 붉은 공단으로 되어 있었고 거기에 사람들의 이름이 금빛으로 쓰여 있었다.

밍칭은 남자들이 나르는 대 위에 얹혀 있는 채색된 천으로 묶여진 긴 목재 틀 위에 펼쳐져 있었다. 그 틀의 꼭대기 위에는 작기는 하지만 붉은 천으로 만든 관리의 양산과 같은 것이 붙어 있었다.

외국인들을 위한 열아홉 개의 밍칭과 현지 성도들을 위한 한 개의 밍칭이 있었는데, 그것들을 전시한 이유는 사람들에게 좋은 인상을 주려는 계산에 의한 것이었다.

도지사와 다른 관리들 외에도 명문가의 사람들과 학자들이 우리에게 화환을 증정했는데, 그것들은 기묘하게 만들어진 대 위에 얹어져 있었고 모든 나무 세공은 천으로 둥글게 감겨 있었다. 또한 여러 가지로 채색된 천들로 짠 띠를 가지고 지붕 모양의 어떤 것을 만들어 두었는데 그 형태는 길가에서 자주 볼 수 있는 작은 사당과 비슷했다. 관리들이 예배를 드릴 장소로 우리를 인도했다.

에드워드 박사의 인도 하에 작년에 살륙이 일어났던 바로 그 장소에서 우리는 30분 동안 예배를 드렸다. 그 후에 행렬이 이어졌는데, 그 순서는 다음과 같았다.

징을 가진 남자들, 중국 관리들, 화환들, 보병 200명, 기마병 50명, 의자에 탄 외국인들, 교회 성도들, 밍칭, 더 많은 숫자의 성도들, 그리고 소수의 군사들 순서였다. 행렬은 매우 느리게 거리를 통과했다. 모든 사람이 조용하게 경의를 표했다. 우리는 오전 11시에 장지에 도착할 수 있기를 바랐지만 오후 1시가 되어서야 도착했다. 도착하자 우리는 길게 뻗은 목재 틀 위에 채색 천을 덮어서 만든 천막 안으로 들어갔는데 정말로 큰 천막이었다. 우리는 가벼운 음식으로 원기를 회복했고 대접해 주는 차와 케이크를 잘 먹었다. 그 후에 우리는 묘지로 들어갔다. 그러고 나서 곧 우리는 여름 별장 앞에 모여야 했다. 한 관리가 그 특별한 행사를 위해 도지사가 준비한 연설문을 읽었다.

우리는 그 연설문의 의미가 무엇인지 미리 알고 있었다. 그 연설문은 고전어였기 때문에 미리 들은 바가 없었다면 아무 것도 이해하지 못했을 것이다.

그 후에 관리들은 도시로 돌아갔고, 우리는 호스트 씨가 인도하는 예배에 참석했는데, 그 엄숙한 행사에 매우 적절한 예배였다.

호위를 받으며 산시로 가고 있다.

타이위앤 순교자 묘지 바깥. 추모하는 깃발들

타이위앤부 순교자 묘지에서 추도예배를 드렸다. 호스트씨가 집례했다.

중국 정부의 공적인 사과와 예배가 있은 후에 현지인들에 대한 배상과 신앙을 저버린 사람들에 관한 난제들을 다루어야 했다. 총독은 아무 청원 없이도 현지인들이 자동적으로 배상을 받을 수 있게 했다. 각 지역에서 중국 외무성과 관계할 수 있는 믿을만한 사람을 선출해야 했다. 총 감독자로는 현지 성도들의 지도적 인물인 츄 목사와 슈 장로가 임명되었다. 성도들은 작년의 수확 손실에 대해 어떤 탄원도 하지 않을 것이었지만, 재산 손실에 대해서는 온전히 보상을 받게 될 예정이었다.

CIM은 위에서 말한 공식적인 명부의 복사본과 함께 현지인 성도들에게 대체적인 지시 사항들이 적힌 중국어 서신을 선교회와 연결되어 있는 각 교회에 보냈다. 다음은 그것을 번역한 것이다.

오어윙, 티아더, 테일러, 그리고 현지 목사들과 장로들이 함께 기도하고 협의한 후에 각 지역에서 교회 일을 책임질 지도자를 선택했습니다.

나는 중국 외무성에 여러분의 이름을 이미 넘겨주었습니다. 여러분은 가능한 한 빠른 시간 내에 서로 협력하여 사역을 계획하고 준비하시기 바랍니다.

이 업무는 관련된 많은 사람들의 삶과 죽음 그리고 명예와 수치를 판가름하는 매우 중요한 일입니다. 그러므로 여러분은 주님의 도움을 간절하게 구하시기를 바랍니다. 이 특별한 상황 가운데서 여러분은 주 예수의 마음을 가지고 주님의 이름을 영광스럽게 하는 일에 세심한 주의를 기울여야할 것이며 여러분 자신의 일에만 집중해서는 안 될 것입니다.

식구들이 살해를 당했지만, 그들이 주님을 위해서 목숨을 버리는 것은 마땅한 일이었다고 생각하며 관리에게 자신의 경우를 보고하지 않겠다고 결정한 성도들은 가장 좋은 선택을 했습니다. 그러나 그렇게 할 수 없는 사람들은 사실을 있는 그대로 기록하여 그 진술문을 관리에게 제출해 관리가 법에 따라 처리하도록 하면 됩니다.

상해를 입어 불구가 되거나 장애인이 되었지만, 개인 소유의 재산이 있어서 자신을 부양할 수 있고 원수들을 기꺼이 용서하고자 하여 관리에게 보고하지 않는 사람들 역시 좋은 선택을 했습니다. 그러나 그렇게 할 수 없는 사람들은 임명된 지도자들이 지역 관리에게 보고할 수 있습니다.

그러면 관리는 그 사례를 주의 깊게 심사한 후에 외무성에 보고할 것입니다. 부양해 주는 사람도 없이 남겨진 믿는 과부들과 고아들 역시 도움을 받을 것입니다. 우리는 이것들을 네 가지 방법으로 처리하기로 의견을 모았습니다.

약탈을 당한 경우에는 실제로 잃어버린 것을 있는 그대로 정직하게 명세서를 만들어야 합니다. 우리의 거짓말 때문에 주님의 이름이 원수들 앞에서 더 럽혀지지 않도록 과장을 피하고 틀리지 않도록 해야 할 것입니다. 그러면 관리와 교회는 여러분의 업무에 관여하지 않게 될 것입니다.

임명받은 지도자들은 이 일을 처리함에 있어 무엇보다 먼저 주의 깊고 철저한 조사부터 행하여야 할 것입니다. 정확한 조사가 이루어지면 그들은 잃어버린 소유물들에 대한 진술서를 작성하여 내가 외무성에 제출할 수 있도록 나에게 넘겨 줄 것입니다. 그런 후에 보상금이 지불될 때까지 잠잠히 기다려야 합니다.

이 서신을 복사하여 이 일에 임명받은 지도자들 각 사람에게 주어야 합니다.

이 서신은 교회의 업무를 어떻게 처리해야 하는지에 대한 대체적인 개요와 실례를 담고 있기 때문입니다.

삼위일체 하나님께서 여러분 한 사람 한 사람을 인도해 주시고 이끌어 주시기를 바랍니다. 아멘.

중국 내지 선교회 총재 대리,

딕슨 에드워드 호스트 (D. E. HOSTE)

저장성에서도 추모 예배가 준비되었고 대부분의 지역에서 사역이 재개되었다. 허난성에도 선교사들이 돌아왔다. 그리하여 그토록 격렬했던 폭동이 일어난 지 일 년 남짓 되어 중국 제국의 대부분 지역에서 선교 사역이 재정비 되었다. 지난 한 해 동안의 상실과 슬픔은 말로 표현할 수 없을 정도로 컸지만, 현지에서 많은 성도들이 보여준 확고부동한 신앙 때문에 주님께 감사를 드릴 수 있었다. 그리고 과거의 고난이 새로운 중국을 탄생시키는 해산의 고통이 되었음을 믿을 수 있는 이유가 수도 없이 많이 있었다. 🌏

순교자의 편지

II

ဢ 한국어판 출간에 즈음하여 ꘎

1894년 7월 22일, 일본군이 조선의 서울을 점거, 국왕을 납치하고 조선의 자립을 선포하면서 중일 갑오전쟁이 일어나게 되었다. 9월 16일 청군은 평양에서 패배하였고 다음 날은 해군도 황해에서 참패를 당했다. 1895년 2월 12일, 일본 군함의 수륙양공으로 청나라 북양함대 전군이 패배하였다. 3월 20일 협상하던 중신 리훙장과 일본은 4월 17일 시모노세키 조약을 체결하였다. 이것이 바로 장차 한국과 중국 양국에 닥칠 어두운 역사의 시작이었다. 당시 미국 장로회는 신혼이었던 심콕스 목사 부부를 중국에 파송하였는데, 1894년 베이징에서 언어를 공부하던 중 청군이 조선에서 패배하였다는 소식을 듣고 9월 23일 친구에게 이런 편지를 보냈다.

> 최근의 전쟁 소식에 의하면 일본의 육해군이 모두 이겼다는데, 그것이 사실이라면 일본이 베이징을 공격해 올 것이라고 외국인들은 생각하고 있네. 그렇다면 우리는 모두 대사관으로 피해야 할 걸세. … 이미 몇 주 전, 외국인에게 돌을 던지고 욕하는 사건이 발생했다네. 이것은 중국인들이 우리와 같은 외국인도 일본인과 마찬가지로 자기들의 적이라고 생각하기 때문일세.

10월 2일, 심콕스 부인도 어머니께 다음과 같이 편지했다.

> 최근 일어난 일련의 사태를 보면 곧 일본이 베이징을 공격할 것 같아요. 그렇
> 게 되면 현재 이미 분노하고 있는 중국인들이 폭력적이 되어 모든 외국인을
> 다치게 하지나 않을까 두렵습니다.

심콕스 목사 부부의 우려가 1900년 의화단 운동이라는 실제 사건으로
나타날 줄은 생각지도 못했다. 베이징에 있던 선교사들과 수천 명의 신도
들은 6월 20일 의화단과 청군에 의해 각국 대사관 구역 내에 갇혔다가, 8
월 14일 8국 연합군(일본, 러시아, 영국, 미국, 프랑스, 호주, 이탈리아, 독일 8국
은 연합군을 결성했음)이 베이징을 함락한 후에야 모두 풀려났다. 그러나 베
이징 밖에서는 선교사와 가족 및 신도들이 청 정부의 보호를 받지 못해 피
해를 입었다. 1900년 6월 30일, 심콕스 일가 5명 역시 의화단의 난 때 살
해되었는데, 바오딩부(保定府)에서 순교하며 남긴 유언이 이 책에 기록되어
있다.

1900년 의화단 사건 중, 모두 189명의 서양 선교사와 가족, 그리고 중국 신도 수천 명이 순교하였다. 순교자의 피는 중국 교회의 씨앗이 되었다. 감사하게도 2010년 중국에서 사역했던 서양 순교자의 역사 기록을 정리하고 수집하여 《100년 순교자의 피를 돌아보다》를 출간함으로써 중국 선교 역사상 비어 있던 이 100여 년의 기간을 채울 수 있었다.

이 책의 후반부에 첨부된 유언과 일기는 그 《100년 순교자의 피를 돌아보다》에서 발췌한 것이다. 이 순교자들과 생환자(生還者)들의 생애 중 가장 중요한 시기의 목소리들이 한국의 모든 형제 · 자매들을 격려하여 세계 선교 사역에 충성하고 아시아에서 주를 믿는 사람들의 모범이 되기를 바란다.

> 하나님의 말씀을 너희에게 일러 주고 너희를 인도하던 자들을 생각하며 그
> 들의 행실의 결말을 주의하여 보고 그들의 믿음을 본받으라. 예수 그리스도는
> 어제나 오늘이나 영원토록 동일하시니라. (히브리서 13:7-8)

편저자 웡시페이

순교자의 유언과 생환자의 남긴 말 - CIM 선교사 58명

1. 앳워터 부인 Mrs. Elizabeth G. Atwater

"사랑하는 사람들이여, 그리운 여러분의 얼굴을 볼 수 있기를 간절히 바라지만 이 세상에서는 만날 수 없을 것 같아 두렵습니다. 나는 여러분 모두를 너무도 사랑했고, 여러분 또한 중국에 있는 나를 잊지 않을 것을 알고 있습니다. 내 형제 · 자매와 같은 사람은 세상에 없었습니다.

나는 조용하고 침착하게 마지막을 준비하고 있습니다. 주께서 아주 가까이 계시기 때문에 나를 저버리지 않으실 것입니다. 나는 살 수 있는 희망이 보이는 것 같으면 흥분하며 들떠 있었습니다. 하지만 하나님께서 그러한 감정을 가져가셨고, 지금은 그저 그 끔찍한 마지막을 용기 있게 맞이할 수 있도록 은혜를 구하고 있습니다. 고통은 곧 끝날 것입니다. 그리고 위로부터 환영하시는 황홀함만이 남게 될 것입니다."

"Dear ones. I long for a sight of your dear faces, but I fear we shall not meet on earth. I have loved you all so much, and know you will not forget the one who lies in China. There never were sisters and brothers like mine. I am preparing for the end very quietly and calmly. The Lord is wonderfully near and He will not fail me. I was very restless and excited when there seemed a chance of life, but God has taken away that feeling, and now I just pray for grace to meet the terrible end bravely. The pain will soon be over,

and, oh, the sweetness of the welcome above."

Mrs. Atwater, last letter to folks at home

"우리 구주께서 얼마나 반갑게 환영해 주실지! 오, 그것은 긴장하며 지내는 요즈음의 나날을 전부 보상해 주실 것입니다. 사랑하는 사람들이여, 세상을 가까이 하지 말고 하나님을 가까이 하며 사세요. 그렇게 해야만 모든 지각에 뛰어난 하나님의 평강을 누릴 수 있습니다.

여러분 각자에게 특별한 편지를 드리고 싶지만, 이 상황에서는 무리입니다. 나는 이 시간들을 묵묵하고 조용하게 지내야 합니다. 중국에 온 것을 후회하지 않지만 내가 이루어 낸 일이 너무나 적어서 안타깝습니다."

"I cannot imagine the Savior's welcome. Oh, that will compensate for all these days of suspense. Dear ones, live near to God and cling less closely to earth. There is no other way by which we can receive that peace from God which passeth understanding. I would like to send a special message to each one of you, but it tries me too much. I must keep calm and still these hours. I do not regret coming to China, but I am sorry I have done so little."

Mrs. Atwater, last letter to folks at home

"아무도 식사 중에 말을 하지 않았습니다. 우리 모두 마지막을 기다리는 모양입니다. 나로서는 그 마지막이 내게 빨리 오기를 고대합니다."

"No one talked at meals. We seemed to be waiting for the end, and I, for my part, longed that it might come speedily."

"이 마지막 몇 시간 동안 천국이 대단히 가깝게 느껴지며 마음도 아주 평온합니다."

"Heaven seems very near, these last hours, and I feel quite calm."

"천국에 가면 우리 모두를 기쁘게 환영할 것입니다. 저는 장래에 있을 영광스러움에 생각을 더욱 집중하고 있습니다. 그것이 나를 더 없이 평안하게 해줍니다."

"There will be joyful welcome for us all above. I am fixing my thoughts more and more on the glorious hereafter, and it gives me wonderful peace."

Mrs. Atwater, last letter to her co-workers

2. 데이빗 배랫 Mr. David Barratt

"나는 꼭 황소 같아요. 곧 쟁기를 갈게 될 수도 있고 또는 제단에 바쳐질 수도 있지요."

"I am like the ox, ready for either-the plough or the altar."

Barratt's letter, end of May

"우리의 피가 진정한 기초를 놓는 시멘트와 같을 수 있습니다. 그렇게 되면 하나님의 나라가 이 땅 위에서 확장될 것입니다. 우리는 소멸되지만 높여지는 것이지요. 하나님이시여, 우리를 인도하시고 축복하소서!"

"Our blood may be as a true cement (for the foundation), and God's kingdom will increase over this land. Extermination is but exaltation. God guide and bless us!"

"'평안, 완전한 평안'이 루청에 있는 모든 형제들에게 가득하기를 바랍니다. 우리는 몇 시간 안에 혹은 수일 내에 영광 중에 만나게 될 것입니다. 그것은 루청으로 가는 것보다 더욱 가까운 길입니다."

"Peace, perfect peace," brother, and all at Lu-cheng. We may meet in the glory in a few hours or days, a nearer way than to go to Lu-cheng."

"그들은 선량한 사람들입니다. 하나님, 불과 피로 세례를 받은 그들을 보존하여 미래의 교회로 세워 주소서!"

"They are good men! God preserve them to the coming church, whose baptism is of fire and blood!"

"내가 여기 살아있다고 해도 지금 아무런 도움도 되지 않습니다. 죽음을 맞기까지 진실합시다."

"My presence cannot aid in the least now. Let us be true till death."

Barratt, last letter to Dr. J. W. Hewett

3. 수잔 로위너 버드 Miss Susan Rowena Bird

"지난 밤 우리는 산 쪽으로 탈출하면 살 수 있지 않을까 하여 떠나려고 했지만 의화단과 강도, 그리고 온갖 위험들이 너무 많아 아무 일도 시도할 수 없었습니다.

만약 다시는 나를 보지 못한다고 해도, 내가 중국에 온 것을 조금도 후회하지 않는다는 것을 기억해 주세요. 누군가가 구원을 얻도록 내가 도왔는지 돕지 못했는지는 하나님만이 아시는 일입니다. 하여간 모든 일은 하나님을 위한 것이었고, 이제 우리는 그분께로 갑니다. 사랑하는 사람들이여, 안녕히….."

"Last night we were almost ready to start for the hills, thinking it one chance for life, but the dangers from the Boxers and robbers and perils of all kinds are so great, what could we do?

If you never see me again, remember I am not sorry I came to China. Whether I have saved anyone or not, He knows, but it has been for Him, and we go to Him. Darling ones-goodbye."

Bird, last letter to her brother on July 13,

4. 엘리자베스 버튼 Miss Elizabeth Burton

"여기에 있는 우리는 평양부에서 극도의 긴장과 시험을 겪고 있는 여러분들의 처지에 깊이 공감하고 있습니다. 우리는 하나님께서 여러분들을 남게 하실 것인지 계속 가게 하실 것인지 분명하게 인도해 주시도록 끊임없이 기도하고 있습니다. 루틀리 선교사님이 일사병을 앓고 있다는 소식에 크게 염려하고 있습니다. 빨리 회복되시길 기도합니다."

"We here feel the deepest sympathy with you all at Ping-yang Fu, during this time of severe strain and trial, through which you are passing. You have our constant prayers that God will very definitely guide you either about remaining or going. So intensely sorry to hear of Mr. Lutley's attack of sun fever, and do pray that he may soon be restored."

Burton, last letter to Mrs. Lutley on July 7

5. 드와잇 하워드 클랩 Rev. Dwight Howard Clapp

"순교자들의 피는 교회의 씨앗입니다. 만약 그것이 내가 그리스도를 섬기는 최선의 방법이라면 나는 죽을 준비가 되어 있습니다."

"The blood of the martyrs is the seed of the church. If that is the way I can best serve Christ, I am ready to die."

Clapp to the converts in his mission

6. 메리 제니 R. 클랩 부인 Mrs. Mary Jennie R. Clapp

"예배당에서 학생들을 바라보면서, 또 그들이 그 모임에서 말하는 바에 귀를 기울이고 그 주제를 이해하는 것을 보면서, 그리고 교회의 기도 모임에 참석한 성도들이 모두 진심으로 드리는 조화로운 기도 소리를 들으며 마음속으로 이렇게 느꼈습니다. '일한 보람이 있어!'"

"When I look upon the school boys in the Chapel, and see them intently listening and taking in the subject of the meeting, and hear all their voices, an

harmony, and heartly Church prayer meeting-I feel in my heart, "It pays."'

Mrs. Clapp, last words

7. 밀드렛 일리너 클락
Miss Mildred Eleanor Clarke

"그렇지만 하나님의 손 안에서 우리는 안전해."

"But we are kept safe in the hollow of His hand."

Clarke, last letter to a friend

8. 이디스 안나 쿰스 Miss Edith Anna Coombs

"아무튼 우리에게 죽음은 슬픈 것이 아닙니다. 왜 냐하면 죽음은 우리를 생명으로 이끄시는 하나님의 현재적인 방법이기 때문입니다. 또 우리는 죽음을 감히 고통이라고도 말하지 않습니다. 우리는 고통을 아주 높이 평가하기 때문에 그것을 결코 겪지 않았 으면 좋았을 일로 생각할 수가 없습니다."

"After all, it is not death which to us is sad, for it is God's present way for us into life; and we dare not say suffering, which we prize too much to wish that we had never been taught."

Coombs, last words

9. 마가렛 쿠퍼 부인 Mrs. Margaret Cooper

"만약 주께서 우리를 살려주시면,
가능한 한 다시 루청으로 돌아가고 싶습니다."

남편 E. J 쿠퍼에게 남긴 마지막 말

*"If the Lord spares us, I should like to go back to
Lu-cheng if possible."*

Mrs. Cooper, last words to her husband Mr. E. J. Cooper

10. 프랜시스 워드 데이비스 Rev. Francis Ward Davis

"모든 사람에게 베푸는 당신의 아름답고 소중한
사랑에 한껏 기뻐하며 넘치는 사랑으로 문안합니다.
우리가 다시 만날 때까지 하나님께서 당신과 함께
하시기를 기도합니다."

아내에게 쓴 마지막 편지

*"With love unbounded and full of joy in your sweet and precious
love to all the folks. God be with thee till we meet again."*

Davis, last letter to his wife on June 10

11. 윌리엄 쿠퍼 Rev. William Cooper

"'전진운동'이나 그와 관련하여 무엇이 필요할 것 인지에 대하여 말할 시간은 지금 내게 없습니다.

하지만 테일러씨가 여러분에게 호소한대로 지금은 중국을 위하여 기도해야할 때임을 강조하고 싶습니다.

1, 2년 뒤에는 어떤 일이 중대한 문제로 떠오를지 알 수 없지만, 하나님께서 그의 종들을 수치를 당하게 하려고 그 땅에 보내신 것이 아님을 우리는 알고 있습니다. 나는 중국 내지의 사역이 반드시 영광스러운 중국 교회라는 결실로 이어질 것이라고 믿습니다."

"I have not time to speak about 'The Forward Movement' and what is needed in connection with it; but I will emphasize the appeal which Mr.Taylor has made to you that you will pray for China at this time. What momentous issues may be hanging on the next year or two, we cannot tell, but we know that God has not sent His servants out in that land that they may be put to shame. I believe that the work in the interior of China is bound to result in a glorious temple in China."

"선교사들을 위해 기도해 주시겠습니까? 성공적으로 사역하고 있는 선교사들이 겸손하게 하시고 모든 영광을 하나님께 돌리도록 기도해 주십시오."

"Will you pray for the missionaries? Pray for those who are in the midst of success that God may keep them humble and that they may give all the glory unto Him."

"그리고, 친구들이여, 여기 있는 중국 형제자매들을 위해서 꼭 기도해 주십시오. 연합 기도 모임에 가서서 현지의 형제자매들이 무서운 암흑의 한 가운데에서 밝게 타올라 빛을 비출 수 있도록. 그들이 중국 전역에 복음을 증거할 수 있도록 기도해 주십시오. 그리스도로 인하여 하나님께서 여러분을 축복해 주시기를 빕니다."

"And oh, dear friends, do pray for our native brothers and sisters. Join the Prayer Union and pray for these native brothers and sisters that God would make them burning and shining lights in the midst of the awful darkness; and that they may preach the gospel all over China. May God bless you for Christ's sake."

W.Cooper, speech in the CIM annual meeting

12. 죠세핀 엘리자베스 데스몬드
Miss Josephine Elizabeth Desmond

"이런 비정상적인 곳에서 '다른 양들'을 찾게 되다니 참으로 기쁩니다.

나는 의술에 대해 많이 알지도 못하고, 얼마 되지 않던 약도 거의 떨어졌습니다.

불쌍한 사람들, 그들이 겪는 극심한 고통이 너무나도 슬픕니다."

"It is such a joy to find the "other sheep" in these out-of-the-way places. My limited knowledge of medicine and my small supply have been taxed. Poor people, it is sad to see so much suffering."

Desmond, last letter to Miss Irwin on June 6

13. 이디스 이사벨 돕슨 Miss Edith Isabel Dobson

"우리는 주님의 손 안에 있습니다. 그 어떤 일도 그분의 허락 없이는 우리에게 일어나지 않습니다.

그러므로 걱정할 필요가 없습니다. 나는 원래 육체적인 해를 두려워하는 성격은 아니지만, 만약 고통이 온다고 하더라도 그분의 은혜로 충분히 이겨내리라고 믿습니다."

"We are in the Lord's hands, and well we know naught can come to us without His permission, so we have no need to be troubled; it is not in my nature to fear physical harm, but I trust, if it came, His grace will be all sufficient."

Dobson, last letter sent out on April 2,

14, 허버트 딕슨 Rev. Herbert Dixon

"우리가 탈출할 수 있는 가능성이 만에 하나 있을 수도 있습니다. 그러나 우리가 이곳에서 죽어야 한다고 해도 그것을 두려워하지 않습니다.

주께서 권고하시면 기쁘게 그분을 위해 우리의 생명을 드릴 것입니다. 모든 선교사들이 같은 위험에 처해 있는데, 만약 아무도 피하지 못하고 우리가 모두 살해된다면 틀림없이 더 많은 사람들이 우리의 자리를 대신하고자 헌신할 것입니다."

챠오 목사와 작별하며 남긴 마지막 말

"There is perhaps one chance in a hundred that we may escape, but if we must die we are not afraid. If the Lord bids us, we will cheerfully lay down our lives for His sake. All the missionaries are in the same danger; but if we are all killed, and not one escape, there are many more who will be certain to take our place."

Dixon, last words to bid farewell to a Chinese preacher Chao

"하나님께서는 모든 것을 알고 계시고 우리는 그분이 우리를 구해 주실 것을 믿는다. 하지만 하나님의 뜻이라면 우리는 기꺼이 이곳에서 죽을 것이다.

만약 이 책과 편지가 친구들의 손에 전해진다면 이것을 전해준 사람에게 넉넉히 보상해 주라. 사랑, 가장 따뜻한 사랑을 우리 아이들에게 전하며."

산으로 도주하는 중에 쓴 일기

"God knows all about it, and we trust Him to save us, but we are willing to die if that be God's will. Give the bearer of this book and letters a handsome reward, if delivered into the hands of friends. Love, warmest love, to our children."

Dixon, Diary, July 18, during his fleeing into mountains

15. 애니 엘드리드 Miss Annie Eldred

"끝이 어떻게 될지 모르겠습니다. 중국을 떠나야 한다면 가슴이 아플 것입니다. 그러나 나는 모든 것을 오직 주님께 맡기고 만족하는 방법을 배울 것입니다. 그리고 기쁘게 이렇게 말할 것입니다. '주님의 뜻을 이루소서.' 나는 진심으로 중국 사람들을 사랑하며 그들 곁에 머무르고 싶습니다."

"I wonder what the end of it will be; It would break my heart to have to leave China, but I will leave all to Him, and learn to be content, and gladly say, 'Thy will be done.' I do love the people so, and want to stay with them."

Eldred, expressed her feeling after arriving ill in Pingyang Fu in 1899

16. 시드니 W. 에넬스 Rev. Sydney W. Ennals

"나는 중국에 온 것을 후회하지 않는다. 비록 내 생명이 짧아진다고 해도 그것은 어떤 식으로든 주인의 뜻을 이루는 것이다. 주님의 뜻이 이루어지기를 소원한다."

"I do not regret I came to China, and although my life will have been short, it will in some way have fulfilled the Master's will. May the Lord's will be done!"

Ennals, Diary, July 4, during his fleeing into the mountains

"주님만이 우리를 구원하실 수 있다. 만일 주께서 우리에게 죽음으로써 그분을 영화롭게 하기 원하신다면, 우리를 주가 계신 곳에서 순교자의 왕관을 머리에 쓰고 있을 사람들로 생각해 달라. '우리는 예수님을 눈으로 보고 그와 함께 거닐 것이다. 결국 주님께서 우리 모두를 집으로 데려다 주실 것이다.'"

"The Lord alone can save us. If He wants us to glorify Him by death, think of us as wearing the martyr's crown in the Master's presence. 'We shall see Jesus and walk with Him. The Lord brings us all home at last.'"

Ennals, end of his Diary on July 18, during his fleeing into the mountains,

17. 조지 브라이언트 파딩 Rev. George Bryant Farthing

"해야 할 일은 끝났습니다. 이제는 때가 찼으며, 수 고한 자들은 그들의 안식처로 부름을 받았습니다."

순교 당하기 1년 전에 한 설교 중에서

"The work was done, the shadow on the dial showed the hour, and the workman was called away to his rest."

Farthing, his preaching one year before martyrdom

"모든 외국인을 죽이라는 명령이 내려졌다는 이 보고가 정말인지 나는 모릅니다. 딕슨, 하지만 이것이 사실이라면, 나는 준비가 되어 있으며 두려 워하지 않습니다. 하나님의 뜻이라면 나는 죽음도 즐거워 할 수 있습니다."

서태후의 외국인 사형 집행 명령을 듣고

"I do not know whether this (the report that all foreigners were to be killed) is true or not; but, Dixon, if it is true, I am ready, and do not fear; if such be God's will, I can even rejoice to die."

Farthing, after hearing the order from the Empress Dowager to kill all foreigners,

18. 미나 헤드런드 Miss Mina Hedlund

"하나님께서 나에게 순교자의 고난을 당하기 원하
신다면, 나는 이 고난이 두렵지 않습니다."

*"As for me, I don't fear if God wants me to suffer
the death of a martyr."*

Hedlund, last words

19. 엠마 조지아나 헌 Miss Emma Georgiana Hurn

"이 시련의 시간이 끝나면 중국은 완전히 다른 땅
으로 바뀔 것입니다. 교회는 진실로 순교자들이
흘린 피 위에 그 기초가 놓여 있습니다. 현재 본토
인이나 외국인이 얼마나 많이 죽었는지 정부가 밝
히지 않는 이상 아무도 모릅니다.

다만 한 가지 말할 수 있는 것은 하나님이 다스
리시고 계시고 그분께 지혜로운 목적이 있어서 이 모든 일이 일어나도록
허락하셨다는 것입니다. 잡혀 죽임을 당하여 생명을 내놓은 수많은 사람들
과 함께 있게 되는 것이 더욱 큰 영광일 수 있지만, 또 다른 누군가는 이 글

을 읽고 있을 소중한 사람들, 그리고 아직 주님을 알지 못하는 많은 사람들을 더 섬기고 싶어서 남고 싶어 할 것입니다. 주님께서 이 시련의 시간 동안 마음에 온전한 평안을 주고 계십니다."

"We know that after this time of trial China will be a very different land. Truly the foundation of the church has been laid by blood; we know not at the present how many lives have been laid down, either of foreigners or natives; what these rulers and governors will have to answer for, one cannot say. One can only say, God ruleth over all, and He must have some wise purpose in allowing all this to come to pass. One feels for some things, that it would be nicer to be taken and be with so many who have laid down their lives; but for the dear ones who may read this, and for the sake of the many heathen who are still without Christ, one would like to stay for further service. The Lord is keeping one's heart in perfect peace during this time of trial."

Hurn, last letter to her brothers and sisters

20. 메리 엘리자베스 휴스턴
Miss Mary Elizabeth Huston

"주님의 고난에 동참하기에 합당하게 여겨 주신 것은 제게 큰 기쁨이었습니다."

길가에서 죽기 전 게이츠에게 한 말

"It was a great joy to me to be counted worthy to have fellowship with Christ in His sufferings."

Huston, talked to Miss C. Gates before she died on the road

21. 사라 앤 킹 Miss Sarah Ann King

"내가 이곳에서 발견한 것은 내가 기대했던 것보다 훨씬 대단한 것이었다고 진심으로 말할 수 있습니다. 주님은 그의 약속에 성실하셨습니다. '내가 너희들 보다 먼저 가리라.' 장래가 어떻게 될지는 알 수 없습니다. 하지만 무슨 일이 닥친다고 해도 저는 지금까지 하나님의 뜻에 순종해 왔습니다."

"With all truth I can write that what I have found here far exceeds my highest expectations; the Lord has been true to His promise, 'I will go before you!' I don't know what the future holds for me, but, whatever comes, I know I have obeyed the will of our God."

King, when arrived China in 1898

22. 던컨 케이 Mr. Duncan Kay

"시골에서 숨어 지내면서 가장 두려운 점은 아주 오랫동안 해안과 연락이 두절되어 있다는 것과 재정이 바닥나고 있는 것입니다. 이곳 산 속에서 안전을 확보할 수 없다면 우리는 해안으로 이동해야 합니다. 그런데 도처에 군인들이 있어서 이동은 거의 불가능할 것으로 보입니다."

"My greatest fear in hiding locally is that of being cut off from communication with the coast for a very long time and running out of silver. Should we be unable to secure this place in the hills we may have to decide on trying to reach the coast. With so many soldiers traveling it seems to be almost a hopeless task."

Kay, last letter to Mr. Dreyer

23. 캐롤라인 M. 케이 Mrs. Caroline M. Kay

"두려운 소식이네요, 이 모든 것의 결과가 어떻게 될지를 생각하면 병이 날 지경입니다. 그렇지만 하나님은 알고 계십니다. 치푸에 있는 사랑스런 아이들을 생각하면 마음이 무너집니다. 안전을 염려하기보다 아이들이 부모 없이 남겨지게 될 수도 있다는 생각을 할 때면 고통스럽습니다. 항상 이렇게 느끼고 있는 것은 아니니 오늘 내가 이러한 생각을 하고 있다고 꾸짖지 말아 주세요. 사악한 무리들과 서태후를 만족시키는 일이 될 뿐이라고 하더라도, 저는 지금 분노를 느끼고 있으며 그저 아이들이 있는 곳에 가고 싶을 뿐입니다."

"The news is alarming, and it makes one feel sick to think of what may be the result of all this, but God knows. I do feel badly when I think of what may be the result of all this, but God knows. I do feel badly when I think of our dear children at Chefoo - not for their safety, but in case they might be left without their parents. You will not blame me for feeling like this to-night - I do not always feel so. I have a feeling of grudge of my heart to go just yet, expecially when it is only to satisfy evil men or even the Empress Dowager."

Mrs. Kay, one of her last letters

"이것이 너희에게 쓰는 마지막 편지일지 모르겠구나. 그걸 누가 알겠니? 그렇지만 우리는 얼마 지나지 않아 예수님과 함께 있게 될지 몰라. 이렇게 짧은 메모를 남기는 것은 우리가 너희 모두를 얼마나 사랑하는지 알리고 싶고 또, 나중에 우리가 죽임을 당했다는 소식을 듣더라도 너무 슬퍼하지 말 것을 당부하기 위해서야.

우리는 너희를 모두 하나님 손에 맡겨드렸단다. 그분이 너희를 위해 길을 만드실 것이야. 진실하고 노력하는 어린이가 되렴. 하나님을 사랑하고 그리스도께 온전히 마음을 드리거라. 이것이 너희의 사랑하는 부모로서 마지막 부탁이란다.

사랑하는 아빠, 엄마, 그리고 꼬마 제니가

"I am writing this as it may be my last to you. Who knows but we may be with Jesus very soon. This is only a wee note to send our dear love to you all, and to ask you not to feel too sad when you know we have been killed. We have committed you all into God's hands. He will make a way for you all. Try and be good children. Love God. Give your hearts to Jesus. This is your dear parents' last request. Your loving papa, mamma, and wee Jenny, Near the end of July, Ta Hoh-san."

24. 아놀드 E. 러빗 의사 Dr. Arnold E. Lovitt

"사랑하는 본국의 친지들께 우리가 이곳에서 놀라울 정도로 주님의 손에 붙들려 있음을 알리고 싶습니다. 그분은 우리 각자에게 아주 귀하신 분이십니다. 아이들도 두려워하지 않는 것처럼 보입니다. 구조에 대한 희망을 놓을 수 없지만 그 희망이 사라져 가네요.

하나님께는 모든 능력이 있으십니다. 심지어 아무런 희망을 기대할 수 없는 가장 불가능한 상황에서도 우리를 구하실 수 있습니다. 우리의 믿음은 전적으로 그리고 오직 그분께 있습니다.

우리는 동시에 우리 힘으로 할 수 있는 일을 전부 할 수 있도록 힘을 주시며 그분께서 모든 걸음을 인도해 주시기를 원합니다. 남은 시간이 얼마 없네요. 우리는 준비되어 있습니다."

"We would like our dear home ones to know we are being marvelously sustained by the Lord. He is precious to each of us .The children seem to have no fear. We cannot but hope for deliverance (hope dies hard), and our God is well able to do all things-even to save us from the most impossible surroundings when hope is gone. Our trust is in Him entirely and alone. We at the same time are seeking to do all that is in our power to do, and asking guidance at every step. ......There is not much time. WE ARE READY."

Lovitt, last letter before all missionaries martyred in Tai-yuan Fu

25, G. 러빗 부인 Mrs. G. Lovitt

"우리는 모두 여러분에게 예수 그리스도의 구원의 복음을 전하기 위해 중국에 왔습니다. 여러분들께 그 어떤 해로운 일도 하지 않았고, 오히려 여러분에게 유익한 일만 하려고 애썼습니다. 그런데 왜 우리를 이렇게 대하나요?"

러빗 부인이 자기를 죽이는 군인에게 마지막으로 한 말

"We all came to China to bring you the good news of salvation by Jesus Christ. We have done you no harm, but only sought your good; why do you treat us so?"

Mrs. Lovitt, last words to the soldier who killed her

26. 칼 L. 런버그 Rev. Carl L. Lundberg

"해안으로 가는 길이 막혀버렸습니다. 만약 우리가 탈출하지 못한다면, 우리는 주님과 중국을 위해 살고 죽을 뿐이라는 우리의 마음을 모든 친구들에게 전해 주십시오.

해안으로 가는 길은 막혔지만, 주님께로 향하는 길은 열려 있습니다. 이로 인해 괴로워하거나 침체되거나 의기소침하지 말기 바랍니다. 심겨진 씨앗은 반드시 정해진 때에 아주 잘 익은 열매로 추수될 것입니다. 그리고 다시 중국이 조용해지면 더 많은 주님의 증인들을 보내십시오."

"Our way to the coast is cut off. If we are not able to escape, tell all our friends we live and die for the Lord and China. They way to the coast is shut up, but the way to the Lord is open. Let not your heart be troubled, nor your hands sink down, nor be discouraged. The seed sown will surely bear fruit of ripened harvests in due time. When it is quiet again, send out more witness to China."

"주님께서 나를 이곳에 부르셨고 그 은혜가 내게 족하기에 나는 중국에 온 것을 후회하지 않습니다. 그분이 선택하시는 길은 나에게 가장 좋은 것입니다. 그분의 뜻만이 이루어지소서."

"I do not regret coming to China, the Lord has called me, and His grace is sufficient. The way He chooses is best for me. May His will be done."

Lundberg, one of his last two letters

"우리는 손에 무기를 들고 죽고 싶지 않습니다. 만약 주님의 뜻이면 그들이 우리의 생명을 취하도록 하지요."

"We do not like to die with weapons in our hands; if it be the Lord's will, let them take our lives."

Lundberg, one of his last two letters

27. 윌리암스 아담 맥커랙
Rev. Williams Adam McCurrach

"지금은 중국에게 슬픈 때입니다. 만약 모든 선교사들이 살해된다면 교회에 놀라운 일이 일어날 것입니다. 그것이 중국의 복음화를 위한 주님의 방법이라면, 그 복음을 위해 우리는 마땅히 죽음을 준비해야 할 것입니다. 우리 중 죽고 싶은 사람은 아무도 없지만 모두가 이렇게 말하고 싶습니다. '주님의 뜻을 이루소서!'"

"This is a sad time for China. If all missionaries are murdered, it will move the Church in a remarkable way. If it is God's way of evangelizing China, then surely we ought to be ready to die for the Gospel's sake. None of us want to die, but we all want to say, 'Thy will be done'."

McCurrach, letter to his mother on July 3

"이것은 틀림없이 주님께서 교회를 정결하게 하고 마지막 승리를 확실하게 하는 하나님의 방법입니다."

"This must be God's way of purifying the Church and making sure of its final success."

McCurrach, last letter to his mother on July 13

28. 스튜어트 매키 Mr. Stewart McKee

"사랑하는 주님께서 결코 실수하지 않으신다는 것을 알고 있기에 이러한 때라도 얼마나 평안한지 모르겠습니다."

매키, 마지막으로 한 말

"What a comfort at such times is it to know that the dear Lord can never make a mistake!"

McKee, last words

29. 메리 수잔 모릴 Miss Mary Susan Morrill

"주님은 과거에 그러셨듯이 지금도 위대한 일을 행하실 수 있습니다. 주의 손이 짧아서 구원하지 못하시는 것도 아니고 귀가 어두워 듣지 못하는 것도 아닙니다. 우리들에 대하여 너무 마음 아파하지 마세요. 주변이 온통 위험하지만 하나님께서 가까이 계십니다. 만약 우리가 기회를 엿보아 이곳을 탈출한다고 해도 선교 기지는 약탈당할 것입니다. 이 모든 사실을 알면서도 우리는 행복하며 심지어 즐거워지려고 애를 씁니다. 가능하면 빠른 시일 내에 다시 편지 하겠습니다."

마지막 편지

"The Lord can do great things, as He has done in the past, for His arm is not shortened that He cannot save, nor His ear heavy that He cannot hear. Do not feel too troubled about us. The danger is all around and near, but God is nearer. Even, if we escape, as we probably can, the premises will be looted. Despite all apprehensions, we are happy, and even try to be jolly. Will write as soon as I can."

Miss Morrill, last letter

30. 프란시스 이디스 네이슨Miss Frances Edith Nathan

"만일 우리가 이곳을 떠나야 한다면 참 힘들 것입
니다. 그렇겠지요? 오늘 아침 기도 모임 중에 말
씀을 전하면서 그런 생각이 드는 겁니다.

이들의 잘못에도 불구하고 이들을 사랑하게 되
었으니까요. 정말이지 우리에게 너무나 소중한 사
람들입니다. 그렇지 않은가요?"

마지막 편지

*"If we have to leave the province, it will be hard, won't it? As I was
speaking this morning at the prayer meeting, the thought came, what it would
mean, for one does love these people in spite of their faults. Truly they are very
dear to us, aren't they?"*

Nathan, last letter to Miss Gauntlett on July 8

31. 메이 로즈 네이슨 Miss May Rose Nathan

"틀림없이 언젠가 다가올 그날, 주님을 위해 무언가 값진 것을 내려놓을 수 있었음을 기뻐할 것입니다."

"I am sure I'll be glad 'some day' that I had something worth giving up for His sake."

Miss Nathan, first letter to Miss Soltau

"이 작은 메모가 여러분에게 전달될 수 있을지 모르겠습니다. 아주 불확실한 상황입니다. 쓰는 것조차 아주 어렵습니다. 하지만 어느 때가 우리의 마지막이 될지 모르고, 여러분이 우리 소식, 아마도 우리 생의 마지막 모습에 대해 듣게 될 가능성이 있을지 없을지도 알 수 없기 때문에 이렇게 쓰는 수밖에 없습니다. 내가 벌써 가기엔 이루어 놓은 일이 너무 적습니다.

곧 하나님의 임재 앞에 가야만 하는가? 조금 더 기다렸으면 좋겠습니다. 하지만 아무것도 우리를 그리스도의 사랑에서 끊을 수 없으며 그분은 우리를 용서하실 것입니다."

"I wonder whether you will ever see these brief notes, it is so uncertain, so hard to write; but if there is a possibility of your hearing of us, of perhaps our last days, one cannot but write, and one does not but know

which may be our last days? I feel so unfit to go, have done so little. Can it be that I must go soon into the presence of the King? I would rather wait a bit; but nothing can separate us from the love of Christ, and He will forgive."

Nathan, Fleeing Diary, July 14

"사랑하는 어머니, 제게서 어떠한 소식을 들으시더라도 너무 걱정하지 마세요. 세상의 눈으로는 이곳에서 고작 1년 살면서 쓰지도 못할 언어와 씨름한 것이 쓸 데 없는 일처럼 보일 것입니다. '도대체 왜 그곳에 갔을까? 시간 낭비일 뿐이지 않았는가?'라는 사람도 많이 있을 것입니다. 하지만 어머니, 아닙니다. 하나님께서는 언제나 가장 좋은 결과를 주시고 절대 실수하지 않으심을 믿으세요. 성경에는 주님께서 그의 종들을 악한 자들의 손에서 구해주신다고 약속하고 있어요.

하지만 어머니, 그 구원이 죽음을 통해서일 수도 있다는 생각을 해요. 그때 그분의 손은 썩을 것이 아닌 썩지 않을 몸과 영광스럽게 된 영혼을 받으실 거예요. 저는 사랑하는 사람들이 겪은 고통을 받지 않으리라는 자신은 없어요. 그런 고통을 받을 수도 있고 받지 않을 수도 있어요. 물론 살아 있는 동안에는 희망이 있지요. 그런데 순교자들의 이야기를 들으면 그 희망이 희미해져요.

하나님은 예수님과 함께 고난을 받으라고 우리를 부르셨습니다. 요즈음 우리는 초대 교회 성도들이 경험했던 성경 말씀을 문자 그대로 받고 있어요. 그들은 예수님을 위해서 육체적인 고난을 참았지요. 정신적이고 영적인 고통을 견디는 일은 자주 있었지만, 이제는 극심한 육체적 고통마저 견뎌야 하는 부르심까지 받게 되었습니다. 하지만 죽음은 생명으로 들어가는 문에 지나지 않지요. 그곳에서 그분의 얼굴을 보게 될 거예요. 사랑하는 어머니, 그곳에서 어머니를 간절하게 기다리고 있을게요! 그리고 사랑하는 친구들, 하나님만이 여러분을 위로해 주실 수 있습니다."

"Darling Mother, don't be anxious, whatever news you may hear from me. It will seem useless in the eyes of the world to come out there for a year, to be just getting on with the language, then to be cut off. Many will say, 'Why did she go? Wasted life.' Darling, No. Trust-God does His very best, and never makes mistakes. There are promises in the Word that the Lord will save His servants, and deliver them from the hands of evil men. Dear, it may be the deliverances will come through death, and His hands will receive, not the corruptible, but the incorruptible, glorified spirit. I have no absolute confidence that we shall be spared what these dear ones have suffered. We may, but we may not. Of course, where there is life there is hope. But hearing of these martyrs makes the hope dim. We are called to suffer with Jesus. Very literally one takes the Scriptures nowadays, just as the first Christians did; they endured physical suffering for Jesus. We often endure mental and spiritual, and now we are called to endure, perhaps, extreme bodily suffering. But, darlings, death is but the gate of life, we shall see His face, and, darling Mother, I'll wait and long for you there! Our dear friends and relatives, God alone can comfort them."

Nathan, Fleeing Diary, July 22

32 메리 루이스 패트리지 Miss Mary Louise Partridge

"우리는 숨이 붙어 있는 한 계속 희망을 가져 보지만 먹구름은 점점 짙어만 갑니다. 하나님께서 우리를 살리실 능력이 있다는 것은 알지만 그것이 그분의 계획인지는 모르겠습니다. 그 많은 사람들 중에서 왜 우리만을 구원하셔야 하나요?

오, 사랑하는 사람들이여, 나는 한 번도 뒤를 돌아본 적이 없습니다. 만약 하나님께서 나를 살려 주신다면 앞만 보고 달려갈 준비가 되어 있습니다. 나는 절대로 선교사로서 낙담하거나 팔짱끼고 앉아서 세월을 보내지는 않을 것입니다. 아니, 안됩니다. 내가 마지막까지 사람의 영혼에 하나님의 빛을 비추는 사역을 하다가 고삐를 풀지 않은 채 죽을 수 있도록 해 주십시오."

"We still hope and shall as long as breath remains in us but the clouds seem thicker. We know God can save us but are not sure it is ordered in His plan. Why should He save us alone from among so many? Oh, my darlings, I have not once 'look back' and I'm ready to go forward still if God spares my life. I'll never become a broken down missionary and have to spend years sitting with folded hands. No, no, let me die with the harness on, laboring to the last to let the divine light into the souls of men; that would be worth while."

Mrs. Partridge, last letter to parents

33. 윌리엄 그레이엄 피트
Mr. William Graham Peat

"군인들이 저를 부르고 있습니다. 이제는 여러분 모두에게 작별할 시간밖에 없네요. 우리는 곧 그리스도와 함께 있게 될 겁니다. 그것이 우리에게 훨씬 더 좋은 일입니다. 남겨진 여러분께와 사랑하는 중국 성도들에게 죄송할 뿐입니다.

안녕히 계십시오. 아무리 길어도 주님이 오실 때까지일 뿐입니다. 우리는 그리스도의 고난에 참예할 수 있던 것을 기뻐합니다. 나중에 그분이 영광중에 나타나실 때에는 '말할 수 없는 기쁨으로 더욱 즐거워 할 것'입니다."

"The soldiers are just on us, and I have only time to say 'Good-bye' to you all. We shall soon be with Christ, which is very far better for us. We can only now be sorry for you who are left behind and our dear native Christians. Good bye! At longest it is only 'till He come.' We rejoice that we are made partakers of the sufferings of Christ, that when His glory shall be revealed we may 'rejoice also with exceeding joy."

Peat, last letter to his mother and family on July 27

34. 헬렌 맥. 피트 부인 Mrs. Helen Mac. Peat

"이제 마지막으로 작별을 고합니다. 하나님 아버지께서 우리와 함께 계시고 우리는 그분께로 갑니다. 그리고 그분 앞에서 여러분 모두를 다시 만나 영원히 함께 할 것을 믿습니다."

"At the last moment I say Good-bye! Our Father is with us and we go to Him, and trust to see you all before His face, to be for ever together with Him."

Mrs. Peat, last letter to her parents and family

35. 토마스 웰슬리 피고트 Rev. Thomas Wellesley Pigott

"짧게 잡아 지금부터 100년 후에 우리가 이곳에서 수고하고 생명을 바쳐 투자한 것을 어떻게 평가할까요? 내가 분명히 말할 수 있는 것은 날마다 그리스도를 섬길 수 있는 기회가 있어서 더욱 감사하다는 것입니다. 저는 이것이야말로 참되고 진지하게 생을 사는 유일한 길이어야 한다고 믿습니다."

1896년 알마니아 대학살의 소식을 들은 후, 중국선교의 전망을 피력했던 편지

"How shall we look on the investment of our lives and labor here, even from the near standpoint of one hundred years hence? I am, I can truly say, more grateful every day for the opportunity of serving Christ, and I believe this to be the only true and sober view of life's realities."

Thomas Pigott, after hearing the Armenian Massacres in 1896, he wrote a letter to express his mission view in China

36. 윌리엄 웰슬리 피고트 William Wellesley Pigott

"영국에서라면 순교자가 될 수 없겠지만, 아버지,
어머니, 그리고 나는 중국 땅에서는 순교자가 될
수도 있어."

피고트 목사의 12세 아들,
1898년 영국에서 마지막 방학 중에 친구에게 한 말

*"We can't be martyrs in England, but my father
and mother and I might be in China."*

W. Pigott, told his friend during his last furlough in England in 1898

37. 호레이스 T. 핏킨 Rev. Horace T. Pitkin

"결국 우리는 끝을 볼 때까지 살 수 없을지 모릅니다. 그것은 목숨과 바꿀만한 숭고한 명분입니다. 예수께서 다스리실 텐데 우리가 더 오래 살아서 이 사역에 쓰임 받는 사람이 되면 좋겠습니다."

"In the meantime we may not be left to see the end. It's a grand cause to die in. Jesus shall reign, but do hope a long life may be for us in this work."

Pitkin, last letter

"그는 신실한 노인과 함께 기도하고 나서 이렇게 작별의 말을 남겼습니다. '할아버지, 이 말을 제 아내에게 전해주세요. 아들 호레스에게 이렇게 말해달라고 해주세요. 아버지의 마지막 소원이 아들이 25살이 되었을 때 중국에 선교사로 오는 것이라고.'"

"He prayed with Lao-man the faithful and left him one parting word, 'Lao-man,' said he, 'tell the mother of little Horace to tell Horace that his father's last wish was that when he is twenty-five years of age, he should come to China as a missionary."

Pitkin, last words, A Memorial of Horace Tracy Pitkin

38. 찰스 웨슬리 프라이스 Rev. Charles Wesley Price

"총독은 법을 위반한 자들을 처벌하겠다고 밝혔는데 그렇게 되면 건전한 효과가 있을 것이다. 그는 자기의 직위에 대한 위협을 느낀 듯하다.

멀지 않아 폭동이 있을 것 같다. 어제 우리를 지키고 있던 군인들은 총독이 '우리와 외국인들은 운명을 같이 하게 되었군.'이라고 말했다고 알려주었다. 그들은 단순히 외국인들과 싸우는 것이 아니라 전쟁이 계속되어 곧 중국 전체가 무정부 상태로 빠지게 되는 날이 올 것을 알고 있었다."

"The magistrate has shown a readiness to punish offenders of the law, which may have a wholesome effect. He seems to see the danger of his own position, and I expect to see rebellion in the near future. Some soldiers who were guarding our place last night said the magistrate said to them, 'We and the foreigners stand and fall together.' They realize that it is not to continue for a long time as merely a fight against foreigners, but the time will soon come when the whole country will be in a state of anarchy."

Price, Diary on June 30

"우리는 한 시간 한 시간씩 겨우 연명하고 있다. 하지만 주님께서는 놀라운 평안으로 우리를 지켜주셨다. 그래서 우리는 그분 안에서 안전감을 느끼며 밤에도 편히 잘 수 있었다."

"We now only live from hour to hour; but the Lord has wonderfully kept us in peace, so that we can rest at night with a feeling of security in Him."

Price, Diary on July 1

"자신들을 위해 그토록 성실하게 행했던 사람들에게 어떻게 이렇게 잔인할 수가 있단 말인가! 불쌍한 중국이여! 중국은 언젠가 받을 고통을 자초하고 있다. 그들이 무슨 일을 하더라도 그것이 하나님 나라의 진전에 도움이 되기를 기도한다."

7월 3일, 프라이스 목사가 두 명의 여 선교사들의 순교 소식을 들은 후 쓴 일기

"But how cruel of the people for whom they had labored so faithfully! Poor China! She is laying up a store of future suffering for herself. We pray that whatever is done may be for the advancement of God's kingdom."

Price, Diary on July 3 after receiving the news of two martyred lady missionaries

39. 에바 제인 K. 프라이스 부인 Mrs. Eva Jane K. Price

"산시 선교사들이 용기와 희망을 가지려고 애쓰고 있지만 중국에서 하나님 나라의 확장을 위해 나의 생명을 드려야 할지도 모르겠다는 생각이 든다."

"The feeling will come, in spite of trying to be brave and hopeful, that the Shansi missionaries may need to give their lives for the growth of the kingdom of God in China."

"만약 우리가 죽임을 당해야 한다면 그저 그 일이 빨리 닥쳐서 이 극도의 긴장이 끝나기를 기도할 뿐이다. 본국에 있는 우리의 동료들도 긴장하고 있겠지만 우리와 같지는 않을 것이다. 오직 하나님을 신뢰하는 중에서도 심장이 멈출 것 같고, 아무리 용감하게 잠잠히 있으려 해도 떨리는 무릎과 다리는 어쩔 수가 없다.

우리는 주님을 믿는다. 이것이 우리의 간증이다. 무슨 일이 닥쳐도 우리는 그분을 신뢰할 것이다. 이 모든 소동, 놀람, 위험, 전쟁과 무서운 악의 소문은 단지 중국에 선한 것을 베푸시려는 그분의 영원한 목적에 도움이 될 뿐임을 굳게 믿을 것이다. 사람은 계획하지만 하나님은 그 일을 이루신다는 진리를 날마다 살면서 더 깊이 느끼게 된다."

"If we are to be murdered, one can but pray that it may come quickly and end our terrible suspense. Our friends at home will have suspense,

but not such as ours, when the heart refuses to act properly, and knees and legs shake in spite of all efforts to be brave and quiet, trusting alone in God.

We do trust in Him. This is our witness. No matter what comes, we are trusting Him, believing firmly that all this tumult and alarm and real danger, rumors of wars and terrible evil, are only working out His infinite purposes for good to come to China. Each day we live we feel it a deeper truth that man proposes and God disposes."

"하나님 감사합니다. 어둠과 지진, 불과 폭풍은 지나갈 것입니다. 우리는 얼굴을 감싸고 심령을 기울여 나지막한 그 목소리를 듣고자 기다립니다. 두려워 말라. 괜찮다. 하나님께서 지켜보시며 기다리고 계십니다. 주님께서 모든 억눌린 자들을 위하여 판단하시어 의를 이루십니다."

"Thank God, the darkness and earthquake and fire and storm do pass by, and with wrapt face and eager soul we listen for the still, small voice. Fear not, it is all right. God is watching and waiting. The Lord executes righteousness and judgment for all that are oppressed."

"죽는다고 해도 우리는 평안히 죽을 것입니다. 영원히 당신의 것인 (서명) 사랑하는 찰스, 에바, 플로렌스."

"If we die, we die in peace! Ever yours lovingly, (signed) Chas., Eva, Florence."

Mrs. Price, Diary on June 30

40. 이디스 E. 시어럴 Miss Edith E. Searell

"그래, 순교자의 면류관을 쓰는 것보다 더 큰 명예는 아무 것도 없다고 생각해."

"Well, there is nothing I would count a greater honor than to wear a martyr's crown."

Searell, parting with friends when she left her home town

"'우리 하나님은 견고한 요새이십니다.' 그리고 우리는 그 안에서 지금부터 영원까지 안전합니다. 우리에게 주어진 시간이 기대보다 적었다고 불평하겠습니까?"

"'A mighty fortress is our God,' and in Him we are safe for time and for eternity. Shall we murmur if we have less of time than we expected?"

"남은 시간이 적을수록 천국은 가까이에 있습니다."

"The less of time, the more of heaven."

"삶이 짧을수록 불멸의 삶은 더 빨리 시작되지요."

"The briefer life, earlier immortality."

Searell, last letter to Miss Eva French

41. 프랭크 에드슨 심콕스 Rev. Frank Edson Simcox

"우리가 살아서 중국어를 배우고 배운 중국어를 사용하여 복음을 선포할 수 있을 날이 올지 안 올지는 하나님만이 아십니다.

만일 우리가 그보다 일찍 죽게 되어 중국어를 배울 시간이 허락되지 않는다고 하더라도, 나는 내 발로 중국 땅을 딛고 이 소중한 성경책을 들고 멸망해 가는 민족 앞에 서 있다는 사실만으로도 중국으로 간 일이 결코 헛되지 않았고 생각할 것입니다."

심콕스 목사가 파송 모임에서 했던 연설

"God only knows whether we shall live to learn the Chinese language so as to be able to proclaim the Gospel in the Chinese tongue. If we shall not live long enough to learn the language and shall only live to place our feet on Chinese soil and hold up this dear old book in the sight of a perishing race, I shall feel that our going to China has not been in vain."

Simcox, speech at his send-out meeting

"산동성과 지린성 남부 교회는 순교자 교회가 되었습니다. 우리는 그 교회가 주님과 함께 고난을 받을 수 있었던 것에 대해 기뻐합니다. 수백 가정이 파괴되었지만 모두가 믿음을 굳건하게 지켜 내었습니다. 중국 순교자의 교회 역사가 기록될 때 주님의 이름 때문에 고난 받은 아름다운 기록으로 남을 것입니다."

"The Church in Shantung and Southern Chili (this province) has become a Martyr Church, and we rejoice to know, she has proved that she is able to suffer with her Lord. Hundred of homes have been destroyed, and all have held fast. When the history of the Martyr Church of China is written, it will be a beautiful record of suffering for His name!"

Simcox, letter to home church

"그런데 그들이 얼마나 큰 시련을 겪고 있는지! 중국의 교회는 이미 순교자의 교회가 되었고 고난에 참예한 소중한 역사를 갖게 되었습니다. 그들이 겪은 시련에 대해서 여러 가지로 전해드릴 수 있으면 좋겠습니다. 그 믿음의 시련은 금보다 더욱 값진 것입니다."

"But oh, what a trial they are passing through! The Church of China has already become a Martyr Church, and hers is a beautiful history of suffering. I wish I might tell you of the many trials of them can say, the trial of their faith is more precious than gold."

Simcox, last letter to home church

42. 메이 G. 심콕스 부인 Mrs. May G. Simcox

"지금 이곳에 있으면서 고통 받는 사람들과 함께 한다는 것은 매우 공포스러운 일입니다. 어떤 때는 견디기가 힘이 들 정도입니다."

어머니에게 보낸 편지

"It is dreadful to be here now and to be in sympathy with the people who are suffering. It is almost more than I can stand sometimes."

Mrs. Simcox, letter to her mothe

43. 베시 퀸벨 르노 Miss Bassie Campbell Renaut

"우리가 곧 영광중에 거하게 될지 그렇지 않을지 오늘은 알 수 없어요. 만약 그렇다고 해도, 우리는 준비가 되어 있습니다."

아버지께 보낸 마지막 편지

"We do not know today whether we shall soon be in glory. If we are, we are ready."

Renaut, last letter to her father

44. 제임스 심슨 부인 Mrs. James Simpson

"우리가 가는 길이 얼마나 어두운지 잘 알 거야. 하지만 주님께서 빛이 되셔. 그가 앞서 가셨고 그분 안에는 전혀 어두움이 없단다. 그분은 우리를 용광로 속에 넣으시고 그 안에서도 당신을 찬양하기 원하시지.

너는 우리가 7년 후에 스코틀랜드로 돌아갈 것이라고 말하지만 우리에게 그런 날이 오지 않을 수도 있어. 바로 천국으로 갈 수도 있으니까. 우리의 날은 주님의 손에 달려 있다. 점점 나이가 들면서 하나님의 방법이 최선임을 깨닫게 된다. 예전에는 그분이 말씀하셨기 때문에 믿었다면, 이제는 내가 그것을 경험했기 때문에 믿는다."

동생에게 보낸 마지막 편지

"You will see how dark our way is, but He is light. He has gone before, and in Him is no darkness at all. He has put us in His furnace, and His desire is that we should show forth His praise. You speak of our return to Scotland seven years hence; ah! Well, it may be there is no return for us; we may return by the way of heaven; our times are in His hands. As I grow older I fell God's ways are best. Once I believed it because He said it; now I believe it because I have proved it."

Mrs. Simpson, last letter to her sister

45. 자넷 스티븐스 Miss Janet Stevens

"아직도 중국 땅을 위해서 하나님께서 저에게 맡기신 일을 다 했다고 생각하지 않아요.

저는 다시 돌아가야 합니다. 누가 알아요? 제가 그 땅 사람들을 위해 생명을 드리도록 허락된 사람들 중에 있게 될지?"

영국에 머무르기를 권유하는 친지들의 글에 대한 답장 중에

"I don't feel I have yet finished the work God has for me in china. I must go back. Perhaps - who knows? - I may be among those who will be allowed to give their lives for the people."

Janet Stevens, response to relatives asking her to stay in England

46. 엠마 앤 써굿 Miss Emma Ann Thirgood

"2년 반이라는 기다림의 시간으로 나를 강하게 만들어 주신 하나님께 내 마음은 찬양으로 가득합니다.

동료들의 생각과는 달리 이제 저는 다시 좋아하는 사역으로 돌아갈 수 있습니다. 여러분도 주님께서 능히 못하실 일이 없음을 아시지요. 내가 예수님 아주 가까이에서 동행할 수 있도록 기도해주세요."

사역을 하기 위해 다시 중극으로 돌아가서

"My heart is full of praise to the Lord for having, after two and a half years of waiting, so strengthened me that, contrary to the expectations of my friends, I am now able to return to the work I love. But then, you know, 'nothing is too hard for the Lord.' Pray that I may be kept very close to Jesus."

Thirgood, returned to work again in China

47. 데이비드 베어드 톰슨 Mr. David Baird Thompson

"이제 말을 맺습니다. 하나님, 우리 아버지, 우리를 돌보아 주시든지 데려가 주십시오. 당신의 뜻만이 이루어지소서!"　　　순교 당하기 하루 전에

"Now I will close; and God, our Father, take care of us, or take us. His will be done."

last letter he wrote one day before his martyrdom

48. 조지 루이스 윌리엄스 Rev. George Lewis Williams

"사역의 속도가 매우 느립니다. 그 말이 무슨 뜻인지 아세요? 중국에 오기 전에는 그 의미를 알지 못했습니다.

이 넓은 땅 어디든지 어느 마을이라도 자유롭게 갈 수 있다고 해서 그곳 사람들이 두 팔을 벌려 우리를 환영하며 복음을 받아들이는 것이 아닙니다. 그들은 우리를 경멸하며 철저하게 무관심으로 대합니다. 사람의 관점으로 보면 이 사역은 희망이 없어 보입니다. 하지만 이 일은 우리의 일이 아니라 주님의 일입니다."

"The work is slow. Do you know what that word means?" I did not before coming to China, We can freely go into any village of this great plain I suppose, but that does not mean that the people are reaching out their arms to receive us and the Gospel we bring. We are treated with much contempt and great indifference by the people, and from a human point of view the work seems hopeless. But the work is the Lord's and not our own."

Williams, expressed his feeling of missionary work in China

49. 에밀리 B. 윗처치 Miss Emily B. Whitchurch

"저는 주님께서 보시기에 우리에게 합당하다고 여기시기 때문에 주시는 그 어떤 것이라도 잠잠하고 용감하게 받아들일 수 있게 되기를 소원합니다."

의화단 공격에 대하여 루틀리 부인에게 쓴 답장

"Well, my dear, I hope that we shall meet calmly and bravely whatever the Lord sees fit to send us."

response to Mrs. Lutely regarding the attack fo the Boxers

50. 윌리엄스 밀러 윌슨 Dr. William Millar Wilson

"사랑하는 친구여, 주변에 온통 안개가 덮인 것처럼 아무 것도 예상할 수는 없지만, 우리는 일촉즉발의 가장 자리에 서 있다네. 타이위앤이 제일 심할 것 같아 두렵네. 자네가 있는 그곳에 함께 있으면 좋겠군.

이 마지막 날 동안 보여준 친절에 어떻게 감사할지 모르겠네. 떠날 때조차 사역 내내 동료로서 언제나 모든 관계 속에서 배려해주고 깊이 생각해 준 것에 대해 감사하다고 말하지 못했네.

자네와 함께 했던 2년이 내가 중국에 있던 동안 가장 행복한 시간이었네."

마지막 편지

"It's all fog, but I think, old chap, that we are on the edge of a volcano, and I fear Tai-yuan is the inner edge. I'd rather be where you are. I don't know how to thank you for all your kindness in these last days; nor did I express, when parting, what I have felt about your continued consideration and thoughtfulness in all our relationship as colleagues in the work. It made my last two years in China the happiest of all."

Wilson, last letter to Mr. Dreyer

51. 알프레드 우드로프 Mr. Alfred Woodroffe

"우리도 고난 받도록 부르심을 받았습니까? 죽음의 자리로 부르심을 받았습니까? 불쌍하고 연약하고 가엾은 사람들은 '아니요, 절대로 그렇지 않습니다.'라고 합니다. 하지만 과거를 돌아볼 때 어떻게 해야 세상에 복이 되었습니까? 구주께서는 어떻게 하셨습니까? 사도들은 어떠했습니까?' 이것이 바로 주인께서 걸어가신 길입니다. 그렇다면 그분의 종들도 역시 그 길을 따라야 하지 않나요?'"

플레밍의 순교 소식을 듣고

"Are we also called to suffer? Are we called to die? The poor, feeble heart says: 'Oh, no; never.' But, to bring blessing into the world, what has it always meant? What to the Savior? What to the Apostles? 'This is the way the Master went; should not the servant tread it still?;"

Woodroffe, after hearing the martyr of Mr. W. S. Fleming

"저를 비롯하여 여기 계신 분들 중에는, 이렇게 말씀드리기 죄송하지만, 순교의 피가 흐르는 것을 기뻐하는 분이 많으니 참으로 기이한 일이기도 하지요. 우리는 고난 받은 분들을 행복한 사람이라고 여깁니다."

"The great wonder is that I am still here in the midst of so many

whom I am sorry to say would rejoice to see the blood flow... We count them happy that endure."

Woodroffe, last letter

52. 존 영 Mr. John Young

"평지보다 산 속이 훨씬 안전한 것 같습니다. 사람들이 훨씬 더 점잖고 정직합니다. 우리 짐꾼이 햐오이에서 강탈당했지만 다행히도 외국 편지나 은전은 갖고 있지 않았습니다. 만일 우리 중에 누군가가 다른 곳으로 이동하고 싶을 때 교통수단이 없을까 두렵습니다. 우리 모두가 위태로운 상황에 있습니다. '주님께서 모든 것을 예비하실 것입니다.' 해안의 소식이 너무나 궁금합니다. 어떤 소식이라도 아주 반가울 것입니다."

"I believe we are much safer on the hills than on the plain-the people are so much more lao-shih (honest). Our courier was robbed at Hiao-I, but fortunately he had neither foreign letters nor silver. If some of us wanted to go elsewhere I am afraid we wouldn't have the lih-liang (means). Everybody seems to be about on the rocks. 'The Lord will provide.' We long to hear about the affairs at the coast, and shall be glad of any news."

Young, last letter to Mr. Dreyer on July 7

53. 사라 엘리스 T. 영 부인 Mrs. Sarah Alice T. Young

"바람이 불 수도 있고 파도가 높을 수도 있습니다. 우리가 그러한 위협에서 눈을 돌려 주님께 시선을 고정하면 우리는 괜찮아질 겁니다."

"The winds may blow, and the waves may roll high; if we keep our eyes off them to the Lord we shall be all right."

Mrs. Young, last letter to co-worker on July 5

54. Z. 찰스 빌즈 Rev. Z. Charles Beals

"바오딩부의 선교사들의 석방되었는지, 또는 죽었는지 살았는지를 물으면
이런 대답을 듣습니다. '그들은 그저 선교사일 뿐이지 않나요?'

아! 그것이 문제였습니다. '그저 한 명의 선교사가 더 죽었을 뿐인데 그
게 뭐 대수인가?' 그렇게 국가는 단지 그것이 돈이 되는가? 교역에 도움이
되는가? 아니면 보복을 요구하는 경우 그것이 범죄자에 대한 징벌인가만
생각했지 생명이나 명예는 강조하지 않았습니다. 그저 몇 푼의 금전이나
한 뼘의 영토만이 그들에게 소중했습니다."

*"When the question of relieving missionaries at Pao-ting-fu or
finding out if they were dead or alive was asked, the answer came: 'They are
only missionaries!' Ah! That has been the trouble. 'Only another missionary
gone; what does it matter?' Nations have, therefore, not been strong for honor
and life, but-does it pay? Will it help trade? Or, if they do demand retribution,
is it the punishment of the criminals? No, but a few dollars or a slice of
territory."*

Charles, China and the Boxers

55. F. C. H. 드레이어 Mr. F. C. H. Dreyer

"의화단 사건이 결국 단지 지나가는 폭풍이었고, 퇴폐적인 관료주의의 생사를 결단하는 싸움이었음을 잊지 맙시다. 중국 내지 선교회 선교사 수백 명이 조약항에서 수백 마일 떨어진 중국 내륙으로 두루 다니며 사역했지만, 지금까지 33년 동안 단 한 명도 사람들의 횡포로 인해 희생당하지 않았습니다. 이런 사실로 하나님의 선하신 손길을 더욱 온전하고 은혜롭게 깨달음과 동시에, 중국인도 역시 근본적으로는 법을 준수하며 평화를 사랑하는 국민이라는 생각을 하게 됩니다.

"Let us not forget that the Boxer rising is, after all, only a passing storm, the death-struggle of an effete official conservatism, The China Inland Mission, with its hundreds of Missionaries, has carried on work throughout the whole interior of China; hundreds of miles from the treaty ports, without the loss of a single life by the violence of the people, for thirty-three years. While fully and gratefully recognizing in this the good hand of our God, does it not also show that the Chinese are essentially a law-abiding and peace-loving people?

Dreyer, The Boxer Rising and Missionary Massacres in Central and South Shansi

56. C. 게이츠 Miss C. Gates

CIM의 선교사 게이츠가 시련에서 살아남아 허난성 신양에 도착하여 다른 생존자의 무리를 보고 한 말:

"저녁 무렵에 그들이 도착했습니다. 하지만 사랑하는 동료들을 바라보면서 너무나 마음이 아팠습니다. 난 지금껏 외국인이 그처럼 피폐한 모습을 하고 있는 것을 본 적이 없습니다. 그렇게 보일 수 있다는 것이 믿을 수 없을 정도였습니다. 그들은 가난하고 늙고 허약한 사람들처럼 비틀거리며 걸어 왔습니다."

CIM missionary, Miss C. Gates, commented after she survived from her own ordeal and reached Xin-yang, Henan, where she saw the arrival of another group of survivors:

"In the evening they arrived, and it just made us ill to see these dear ones. I never saw foreigners looking like they did, nor could I have believed they could look so. They came tottering in like poor old weak people."

57. 아치볼드 에드워드 글로버
Rev. Archibald Edward Glover

글로버 목사가 자신의 유명한 책 '기적의 일천 마일'을 집필하기 전에 남긴 말:

"나는 부득이하게 다시 멈출 수밖에 없습니다. 몸이 너무 쇠약해져서 아직은 그 혹독한 40일 동안의 이야기를 전부 마치지 못하겠습니다.

현재로서는 그 사건을 다시 떠올리는 것만으로도 힘이 듭니다.

하지만 후에 그것을 주님의 사랑과 능력, 은혜를 증거하여 사람들을 교훈하는데 사용할 수 있다면 힘든 가운데서도 기뻐할 수 있을 것입니다."

Comments from Rev. A. E. Glover, prior to writing his famous book <A Thousand Miles of Miracle>:

"I am obliged to stop again very unwillingly. I have been very weary in body, and am not able yet to complete the story of those awful forty days. It is a trail to me to go over it in memory even, just now. But later on, when I can use it to illustrate the Lord's love and power and grace to edification, I shall be able to 'take pleasure in those distresses.'"

58. 피터 알프레드 오그렌 부인
Mrs. Peter Alfred Ogren

오그렌 부인이 남편은 고열로 의식이 흐리고, 아들은 죽어가는 것을 바라보며 힘든 심경을 적어 놓은 글:

"이때의 공포와 고통은 오직 하나님만 아십니다. 우리는 조금이라도 나아지리라는 희망을 갖고 있었지만, 상황은 점점 나빠져만 갑니다. 얼마 전까지 그렇게 유쾌하고 강인했던 나의 남편은 불쌍하게 의식이 없는 채로 이곳에 누워 있고, 우리 아기는 집을 떠날 때만해도 아주 건강하고 사랑스러웠지만 지금은 어깨 너머로 머리를 힘없이 축 늘어뜨린 채 산 송장과 같은 모습으로 있습니다. 그리고 내 얼굴을 볼 수 없지만 나 또한 별반 다를 것이 없을 것입니다. 내 쓰라린 고통의 잔이 이제는 가득 차서 넘쳐흐르기 직전에 이르렀습니다."

During her own tough ordeal, Mrs. Ogren saw her husband suffered high fever and became deliriously, and her son was dying, she wrote down her hard feeling:

"God only knows the horror and misery of those hours. We had been hoping there would be a turn for the better, but matters only got worse. Here lay my poor delirious husband, who had so lately been strong and cheerful; there our baby, the picture of health and admiration of all when we left home, now a mere living skeleton, lay with his little head rolling down

limply on his shoulder; and I-well for me I could not see my own face, and surely there would be little comfort in the sight. My bitter cup of suffering was now full almost to running over."

오그렌 부인이 남편을 매장하기 위하여 시체를 닦으며 남긴 말:

"굶주림 때문에 뼈와 가죽밖에 남지 않았습니다. 온몸은 욕창 투성이고 창에 찔린 깊은 상처가 아직도 다 낫지 않았습니다. 이제 다시는 이 몸이 의화단의 손에 고통스러운 고문을 당하지 않는다고 생각하니 그나마 위안이 되네요."

Comments from Mrs. Ogren when she was cleaning the corpse of Mr. Ogren for burial:

"Starvation had worn him to mere skin and bone. I do not know how many bed-scores he had; and one deep spear wound had not yet healed. There was a sort of poor comfort in thinking that body would never again suffer torture at the hands of Boxers."

_____*omf* 1865년 **허드슨 테일러**가 창설한 **중국내지선교회**(**CIM**: China Inland Mission)는 1951년 중국 공산화로 인해 철수하면서 동아시아로 선교지를 확장하고 1964년 명칭을 **OMF**(Overseas Missionary Fellowship) INTERNATIONAL로 바꿨다. **OMF**는 초교파 국제선교단체로 불교, 이슬람, 애니미즘, 샤머니즘 등이 가득한 동아시아에서 각 지역 교회, 복음적인 기독 단체와 연합하여 모든 문화와 종족을 대상으로 예수 그리스도가 구세주이심을 선포하고 있다. 세계 30개국에서 파송된 1,300여명의 **OMF** 선교사들이 동아시아 18개국의 신속한 복음화를 위해 사역 중이다.

OMF 사명 | 동아시아의 신속한 복음화를 통해 하나님을 영화롭게 하는 것이다.

OMF 목표 | 하나님의 은혜를 통하여 동아시아의 모든 종족 가운데 성경적 토착교회를 설립하고, 자기종족을 전도하며 타종족의 복음화를 위해 파송되는 것을 목표로 한다.

OMF 사역중점 |
우리는 미전도 종족을 찾아간다.
우리는 소외된 사람들에게 관심을 갖는다.
우리는 복음을 전하는 일에 주력한다.
우리는 현지 지역교회와 더불어 일한다.
우리는 국제적인 팀을 이루어 사역한다.

OMF INTERNATIONAL-KOREA
한국본부 • 137-828 서울시 서초구 방배본동 763-32 호언빌딩 2층
전화 • 02-455-0261,0271/ 팩스 • 02-455-0278
홈페이지 • www.omf.or.kr
이메일 • kr.com@omfmail.com/ kr.family@omfmail.com